JAVA 프로그래밍 기초

곽윤식 · 구본근 · 김보균 · 강형일 공저

도서출판 상학당

자바를 시작하며

사람이 태어나 언어를 익히는 과정에서 엄마의 역할은 우리가 인지할 수 없을 정도로 끊임없는 반복의 과정이라 할 수 있습니다. 동일한 말과 행동의 끝없는 반복으로 우리가 말을 배우고 성장해 갑니다.

컴퓨터 언어를 익힌다는 것은 생각보다 단순하지 않습니다. 왜냐하면 다른 세상의 언어이기 때문입니다. 이를 익히는 과정은 사람이 태어나 말을 배우는 과정과 유사하다고 생각합니다. 끊임없는 반복으로 우리가 익숙해져 가는 일련의 과정으로 생각합니다.

인터넷의 발전으로 우리의 생활환경은 예측이 어려울 정도로 발전하고 있으며, 이것이 어디까지 우리의 생활환경을 변화시킬 것인가에 대한 의문은 그 정답을 찾아내기가 어려울 것입니다. 이와 같은 컴퓨터 기술의 발전과 더불어 대두되고 있는 컴퓨터 언어의 발달 또한 발전의 속도가 매우 빠르게 진행되고 있습니다.

우리에게 처음으로 자바라는 언어가 소개되기 전에도 수많은 컴퓨터 언어가 제공되고 있었으며, 특히 C, C++ 언어의 경우는 객체지향 프로그래밍이라는 기술의 발전을 가져왔습니다. 이것이 프로그래밍 기술의 발전을 주도하고 있습니다.

자바는 C언어가 가지는 특장점을 계승한 언어로서, 컴퓨터 응용기술의 발전과 더불어 그 활용영역을 급속도로 확대하고 있으며 이에 대한 투자도 증대되고 있는 상황입니다. 또한 인터넷에 대한 활용범위의 확대에 따라 자바에 대한 수요도 급속도로 확대되고 있는 상황입니다.

이와 같은 상황에 대응하기 위하여 많은 사람이 자바에 대한 학습에 몰두하고 있습니다. 이 책은 여러분의 자바 언어 학습에 출발점이 되었으면 하는 마음으로 만들었습니다. 어려운 용어 설명은 뒤로 하고 학습자가 언어를 익히기 위한 초기단계로 자바 언어로 작성된 프로그램을 중심으로 단원을 구성하였습니다. 문법에 대한 이해보다는 프로그램 작성에 대한 습관을 축적하는 과정으로 활용할 수 있으리라 판단됩니다. 프로그래밍 습관이 쌓이면 고급의 프로그래밍을 위한 전문서적을 학습할 것을 권해 드립니다.

끝으로 이 책을 출판하는 데 도움을 아끼지 않으신 여러분께 깊은 감사를 드리며, 컴퓨터 언어를 공부하시는 모든 분에게 좋은 성과가 있기를 기원드립니다.

저 자 씀

차 례

Chapter 06 **클 래 스**

Chapter 07 **예외처리**

Chapter 08 **멀티스레드**

Chapter 09 **애 플 릿**

Chapter 01

자바 프로그래밍 시작하기

Chapter 01

자바 프로그래밍 시작하기

1.1 소프트웨어 설치

JAVA programming

우리는 자바(JAVA)라는 언어를 배우고 문법에 맞추어 프로그램을 작성합니다. 하지만 그렇게 작성된 프로그램은 바로 컴퓨터에서 실행이 되지 않습니다. 왜냐하면 컴퓨터가 이해할 수 없는 언어이기 때문입니다. 다시 말하면 우리는 컴퓨터가 이해할 수 있도록 컴퓨터만의 언어로 작성한 프로그램으로 변경하여야 합니다.

컴퓨터가 이해할 수 있는 언어를 기계어라고 합니다. 당연히 기계어는 컴퓨터가 2진수로 구성되어 있는 언어를 말합니다. 자바와 같은 고급 프로그래밍 언어가 나오기 이전에는 어셈블리어라는 컴퓨터 기계어로 프로그램을 작성하기도 하였습니다. 여기서 고급 프로그래밍 언어라는 것은 우리가 일상 쓰는 언어를 조합하여 만든 일종의 문법이라고 생각하시면 됩니다. 그러니까 문법에 맞추어 프로그램을 작성하여 다시 그것을 기계어로 바꿔 컴퓨터가 이해하고 실행할 수 있도록 바꾸어 줍니다.

이렇게 프로그램을 기계어로 번역해 주는 과정이 필요합니다. 그래서 번역하는 작업을 컴파일(compile)이라고 하고 컴파일 해 주는 프로그램을 컴파일러(compiler)라고 합니다. 당연히 자바로 작성된 프로그램도 컴파일러가 필요하겠죠?

고급 언어는 소프트웨어 개발 도구를 가지고 있습니다. 자바는 약어로 "j2sdk"라고도 불리는 "java 2 software development kit"을 가지고 있습니다. 이 프로그램은 자바를 실행하기 위한 소프트웨어 개발 툴이며 자신의 PC에 설치를 해야 자바 프로그래밍을 실행할 수 있습니다.

일단 j2sdk 프로그램을 설치하겠습니다.

실습하기 j2sdk 프로그램 다운받기

http://java.sun.com/ 에 접속하여 Downloads의 J2SE로 들어갑니다. 최신 버전이 J2SE 1.5.xxx입니다.

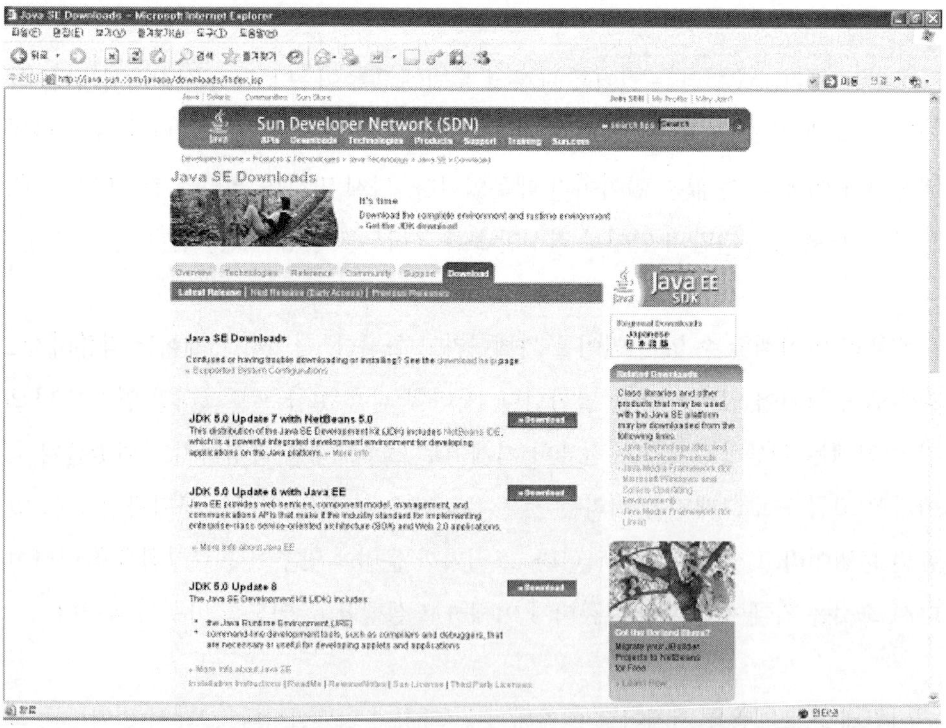

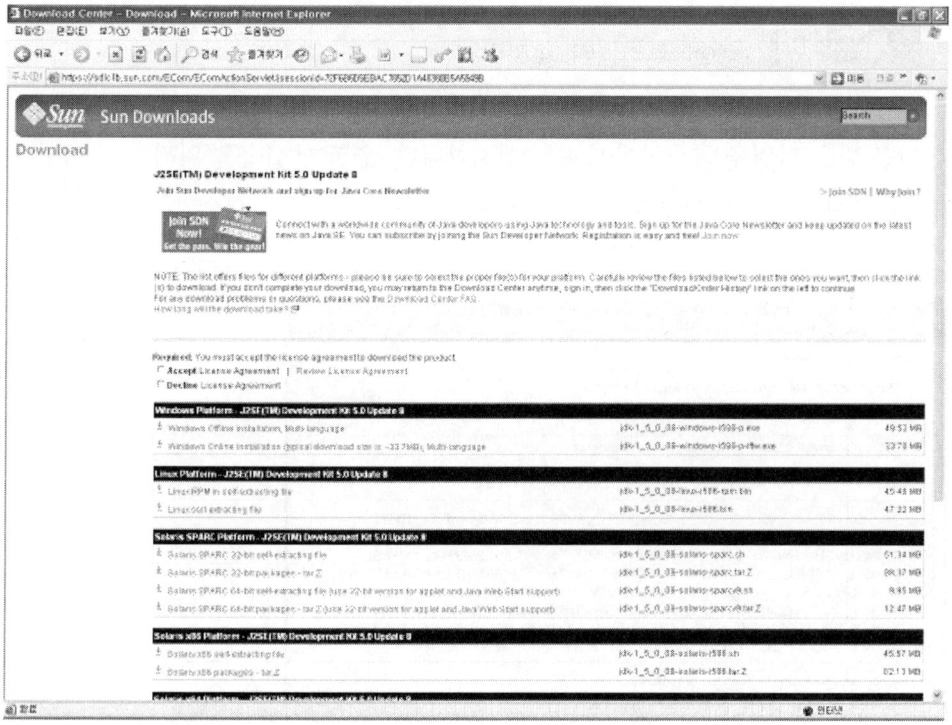

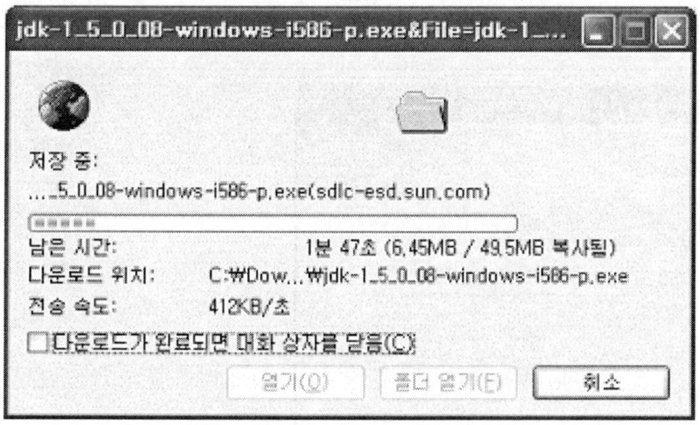

다운로드 받은 파일은 "j2sdk-1_5_x_xx-windows-i586-p.exe"입니다.

실습하기 j2sdk 프로그램 설치하기

다운 받은 파일을 클릭하여 SDK를 설치합니다. 원활한 실습을 위해 설치 파일은 C 드라이브(C:₩ : 루트)에 설치하기 바랍니다.

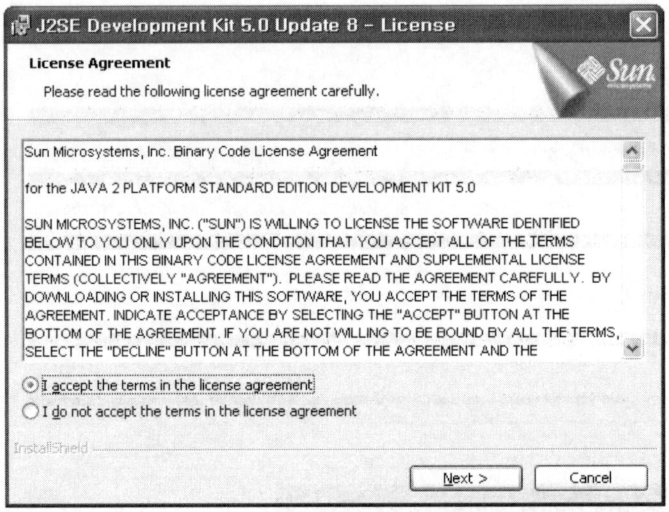

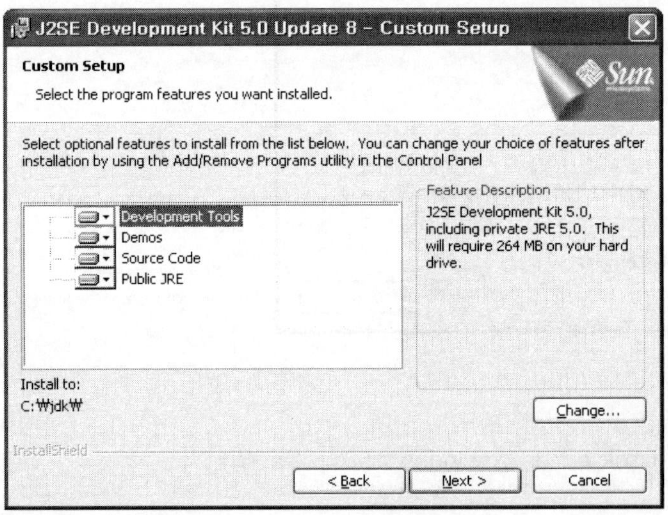

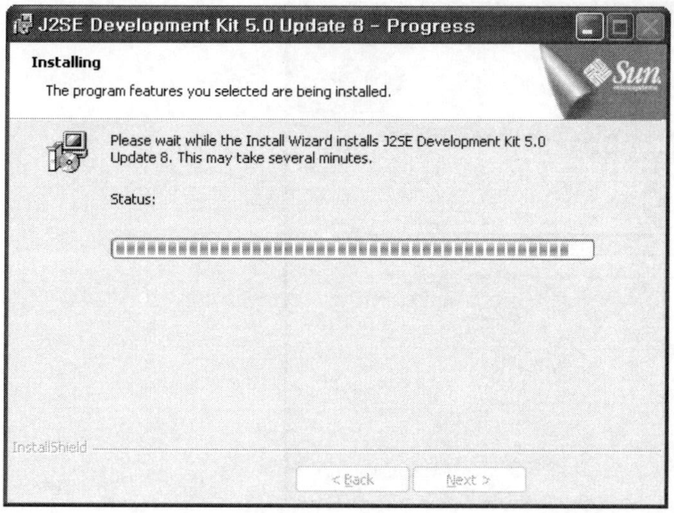
J2SE Development Kit 5.0 Update 8 - Progress
Installing
The program features you selected are being installed.
Please wait while the Install Wizard installs J2SE Development Kit 5.0 Update 8. This may take several minutes.
Status:
InstallShield
< Back
Next >

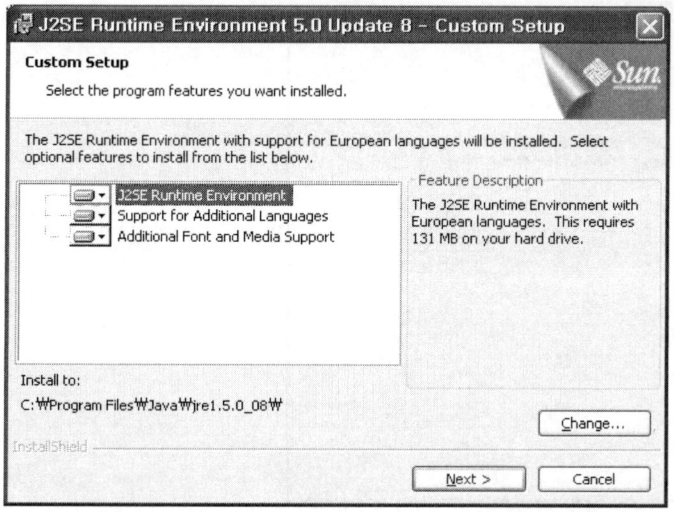
J2SE Runtime Environment 5.0 Update 8 - Custom Setup
Custom Setup
Select the program features you want installed.
The J2SE Runtime Environment with support for European languages will be installed. Select optional features to install from the list below.
J2SE Runtime Environment
Support for Additional Languages
Additional Font and Media Support
Feature Description
The J2SE Runtime Environment with European languages. This requires 131 MB on your hard drive.
Install to:
C:₩Program Files₩Java₩jre1.5.0_08₩
Change...
InstallShield
Next >
Cancel

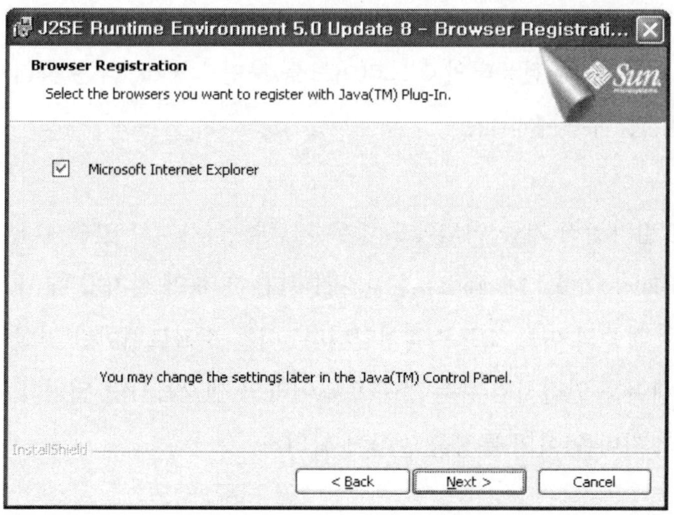
J2SE Runtime Environment 5.0 Update 8 - Browser Registrati...
Browser Registration
Select the browsers you want to register with Java(TM) Plug-In.
Microsoft Internet Explorer
You may change the settings later in the Java(TM) Control Panel.
InstallShield
< Back
Next >
Cancel

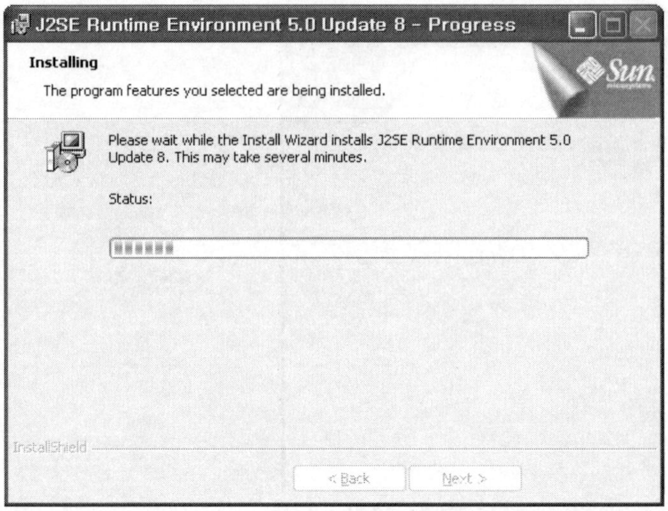

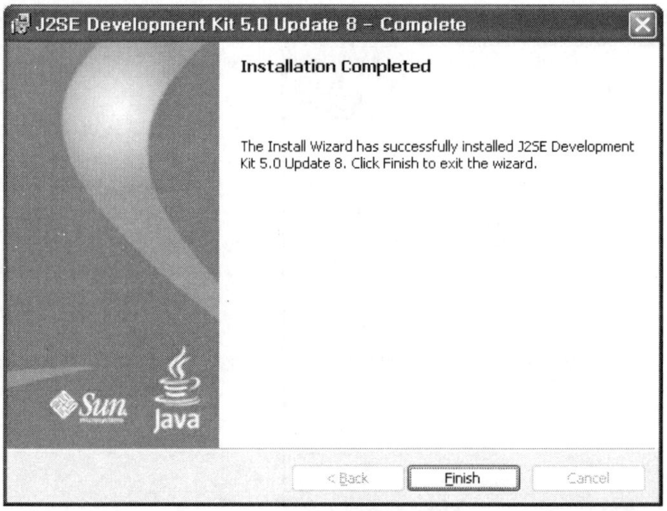

이제 설치는 완료되었습니다. 내 컴퓨터의 C 드라이브를 보면 C:₩jdk 라는 폴더가 생성되어 있는 것을 확인할 수 있습니다.

j2sdk는 위에서 말했던 컴파일러 기능 이외에도 많은 기능들을 가지고 있습니다. 그 중에 하나가 바로 JVM(Java Virtual Machine)이 설치됩니다. j2sdk가 설치될 때 내부적으로 설치되는 JVM은 일종의 미들 소프트웨어입니다. 미들 소프트웨어란 간단하게 하드웨어와 소프트웨어를 연결시켜 주는 소프트웨어라고 생각하시면 됩니다. 일단 JVM을 말하기에 앞서 자바 언어의 특징을 알아야 합니다.

1.2 자바 언어의 특징

자바 언어의 특징을 살펴보면 자바가 왜 많이 쓰이는지에 대한 해답이 나올 것입니다. 다음에서 자바 언어의 특징을 소개합니다.

(1) 자바 언어는 플랫폼에 독립적입니다.

컴퓨터에는 우리가 많이 사용하는 OS(Operating System)인 Windows 시리즈만 있는 것은 아닙니다. 유닉스도 있고 매킨토시도 있습니다. OS가 다른 컴퓨터는 컴퓨터에서 사용하는 기계어도 각기 다릅니다. 하지만 자바 언어는 어떤 운영체제를 가진 컴퓨터라도 실행할 수 있습니다. 그 이유가 JVM 때문입니다. 프로그래머는 소스 프로그램을 작성하고 컴파일러를 통해 중간 코드인 바이트 코드(byte code)로 번역합니다. 프로그래머가 프로그램을 실행하면 JVM은 이 바이트 코드를 가져와 각 컴퓨터에 알맞은 기계어로 해석(인터프리트 : interprete)하여 실행합니다. 그래서 자바 언어를 플랫폼에 독립적이라고 합니다.

(2) 자바 언어는 간단하고 친숙한 언어입니다.

자바의 설계 목표 중에 하나는 간단하고 쉽게 프로그래밍하고 쉽게 디버깅하고 쉽게 배울 수 있도록 설계하는 것이었습니다. 자바와 비슷한 고급 프로그래밍 언어인 C++과 비교한다면 일부 복잡한 기능을 제거하였습니다. 특히 버그의 원인인 포인터 연산을 배제하였고 메모리 관리를 자동으로 처리해 줍니다. 또한 자바는 구문 자체가 단순하여 쉽게 프로그램을 개발 할 수 있으며 풍부한 클래스 라이브러리를 지원함으로써 프로그래머가 손쉽게 사용할 수 있습니다.

(3) 객체지향언어입니다.

자바 언어는 객체지향언어(OOP : Object Oriented Language)입니다. 객체지향언어는 추상화, 상속성, 다형성 등의 특징을 가지고 있는데 자바는 그러한 특징들을 모두 만족하고 있고, 더 나아가 기본적인 데이터형을 제외하고 거의 모든 자료들을 객체로 취급합니다.

(4) 자바 언어는 보안에 강한 언어입니다.

자바 언어는 구문 문법이나 형의 검사를 철저히 함으로써 그에 따르는 에러나 오류를 막을 수 있습니다.

(5) 자바 언어는 멀티스레드를 지원합니다.

멀티스레드(multithread)란 한 프로그램 내에 다중의 스레드가 존재하여 작업을 동시에 수행하는 것을 말합니다. 그래서 하나의 자바 프로그램은 다중의 스레드 프로그램으로 구성되고 독립적으로 작업을 동시에 처리할 수 있습니다.

이러한 자바의 특징은 자바가 더욱 많이 쓰이고 발전하는 계기를 마련하였습니다.

1.3 경로설정하기

JAVA programming

하지만 한 가지 일이 더 남아 있습니다. 그것은 우리가 설치했던 j2sdk가 설치된 폴더를 컴퓨터에게 알려줘야 되는 것입니다. 이 일을 하지 않는다면 C:₩jdk₩bin 이라는 폴더에서만 컴파일 작업을 할 수 있습니다. 그래서 자신이 임의의 폴더를 만들어서 그 폴더 내에서 실행시키기 위해 j2sdk가 설치된 경로를 컴퓨터에게 알려주는 것입니다.

이 책에서는 Windows 2000이나 Windows XP의 경우의 예를 들어 설명하겠습니다.

실습하기 | 환경변수 지정하기 (경로설정)

내 컴퓨터에서 오른쪽 마우스를 클릭 한 후 등록 정보를 클릭하면 시스템 등록 정보 창이 표시됩니다. [고급] 탭을 누르고 [환경변수] 아이콘을 누르면 다음과 같은 시스템 변수 편집 창이 나타납니다. 이전에 설정을 한 경로 뒤쪽에 ";"(세미콜론)을 붙이고 변수값에 "C:₩jdk₩bin" 을 추가하고 [확인] 버튼을 클릭합니다.

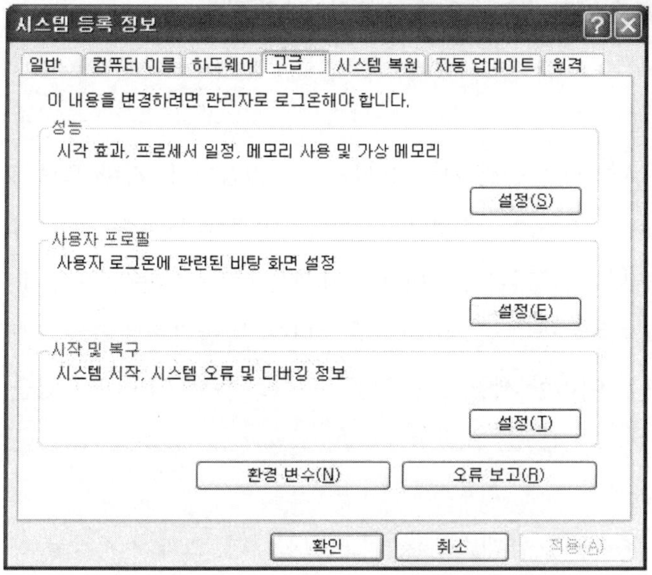

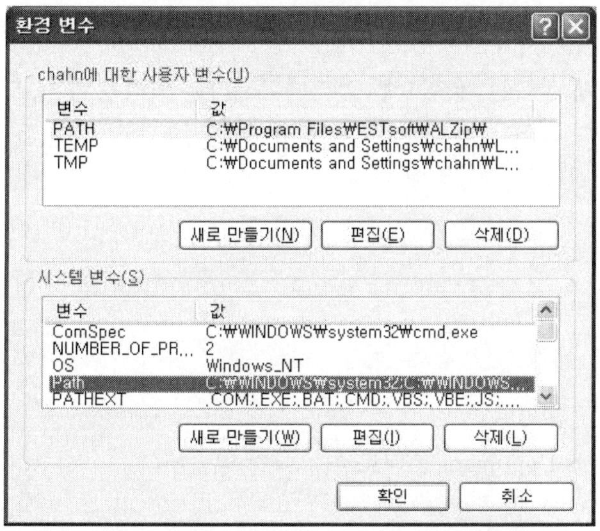

우리는 j2sdk의 경로를 설정하였습니다. 하지만 이 작업 이외에 추가할 부록이 하나 더 있습니다.

1.4 API (Application Programming Interface) 설치하기 JAVA programming

윈도우에서 보면 윈도우 자체의 도움말 기능이라는 것이 있습니다. 자바 프로그래밍은 프로그래머가 작성하는 부분과 이전에 다른 사람들이 작성해 놓은 것을 가져다 쓸 수 있는 부분이 있습니다. 그러니까 자바 프로그램을 작성한다는 것은 j2sdk가 제공하는 프로그램의 조각들을 끼워 맞추어서 사용합니다. 일반적으로 프로그래머가 작성한 코드의 대부분은 이러한 제공 프로그램 조각들로 많이 이루어져 있습니다.

자바는 이러한 프로그램 조각들을 클래스(class)라고 말합니다. 그래서 자바를 가지고 프로그램을 개발하는 데 필요한 많은 정보를 모아놓은 파일을 설치하여야 합니다. 특히 API(Application Programming Interface)라는 정보가 가장 많이 쓰이고 중요한데 이것은 응용 프로그램을 작성하는 데 필요한 인터페이스라는 의미를 가지고 있습니다. 그러면 일단 API 프로그램을 다운 받아서 j2sdk가 설치되어 있는 폴더에 압축을 풀어 넣어보겠습니다.

실습하기 API 설치하기

j2sdk의 API 클래스 정보는 J2sdk Document 폴더로 이루어져 있습니다.

다음과 같이 http://java.sun.com/j2se로 가서 압축파일을 다운로드 받습니다.

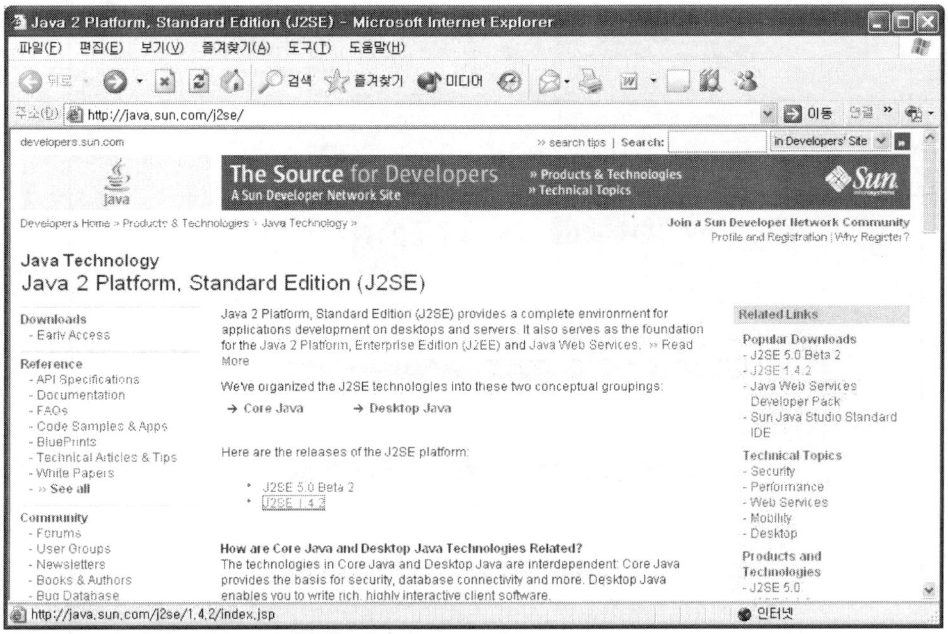

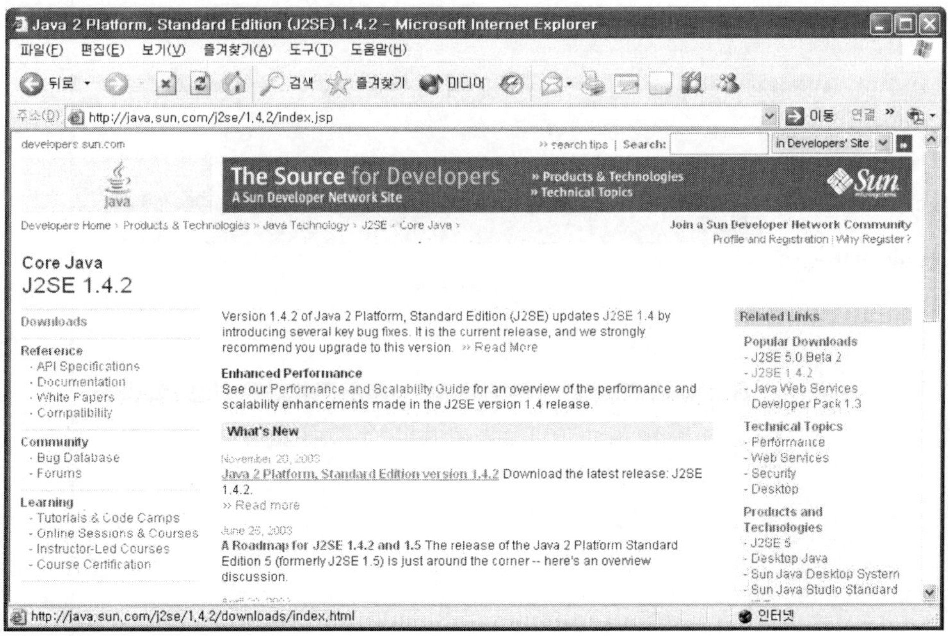

Download Java 2 Platform, Standard Edition, v 1.4.2 (J2SE) - Microsoft Internet Explorer
http://java.sun.com/j2se/1.4.2/download.html
The Source for Developers
A Sun Developer Network Site
» Products & Technologies
» Technical Topics
J2SE 1.4.2
Download Java 2 Platform, Standard Edition, v 1.4.2 (J2SE)
Downloads
Reference
Community
Learning
JAVA™ 2 PLATFORM STANDARD EDITION
NetBeans IDE + J2SE SDK
J2EE 1.4
netBeans
Download J2SE v 1.4.2_04 SDK with NetBeans 3.6 Bundle
Simplified Chinese 简体中文版
Download J2EE 1.4 SDK
J2SE v 1.4.2_05 SDK
The J2SE Software Development Kit (SDK) supports creating J2SE applications.
Download J2SE SDK
J2SE v 1.4.2_05 JRE
The J2SE Java Runtime Environment (JRE) allows end-users to run Java applications.
Download J2SE JRE
J2SE v 1.4.2 Documentation
J2SE 1.4.2 Documentation
Download

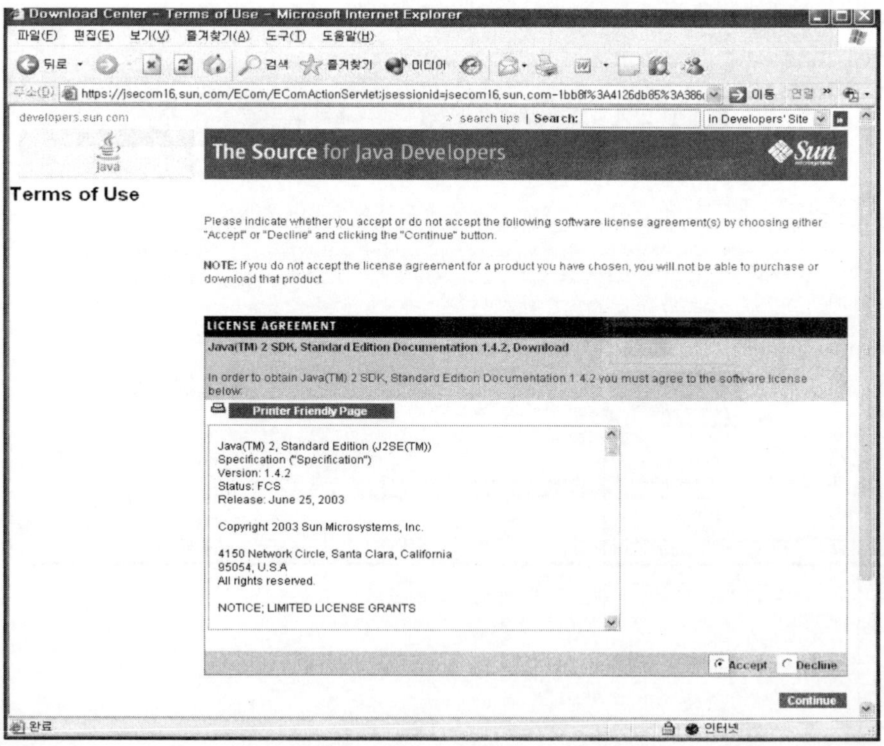
Download Center - Terms of Use - Microsoft Internet Explorer
The Source for Java Developers
Terms of Use
Please indicate whether you accept or do not accept the following software license agreement(s) by choosing either "Accept" or "Decline" and clicking the "Continue" button.
NOTE: If you do not accept the license agreement for a product you have chosen, you will not be able to purchase or download that product.
LICENSE AGREEMENT
Java(TM) 2 SDK, Standard Edition Documentation 1.4.2, Download
In order to obtain Java(TM) 2 SDK, Standard Edition Documentation 1.4.2 you must agree to the software license below.
Printer Friendly Page
Java(TM) 2, Standard Edition (J2SE(TM))
Specification ("Specification")
Version: 1.4.2
Status: FCS
Release: June 25, 2003
Copyright 2003 Sun Microsystems, Inc.
4150 Network Circle, Santa Clara, California
95054, U.S.A
All rights reserved.
NOTICE; LIMITED LICENSE GRANTS
Accept
Decline
Continue

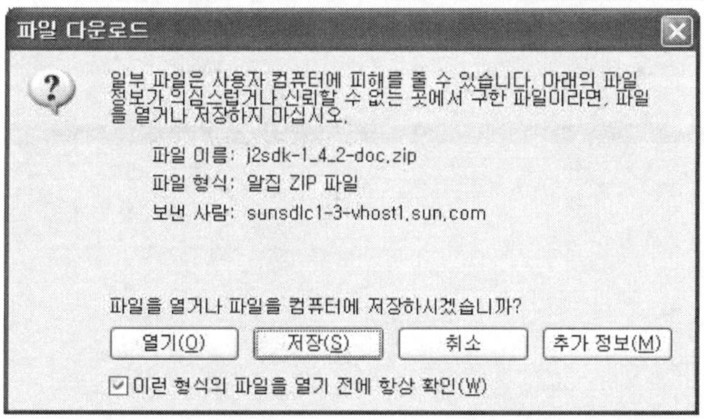

다운로드 받은 파일은 “j2sdk-1_4_2-doc.zip” 입니다. 압축을 풀면 docs 폴더가 하나 있을 것입니다. 그 폴더 안에 index.html 문서가 하나 있습니다. 그 파일을 클릭하면 다음과 같은 창이 열립니다.

index.html

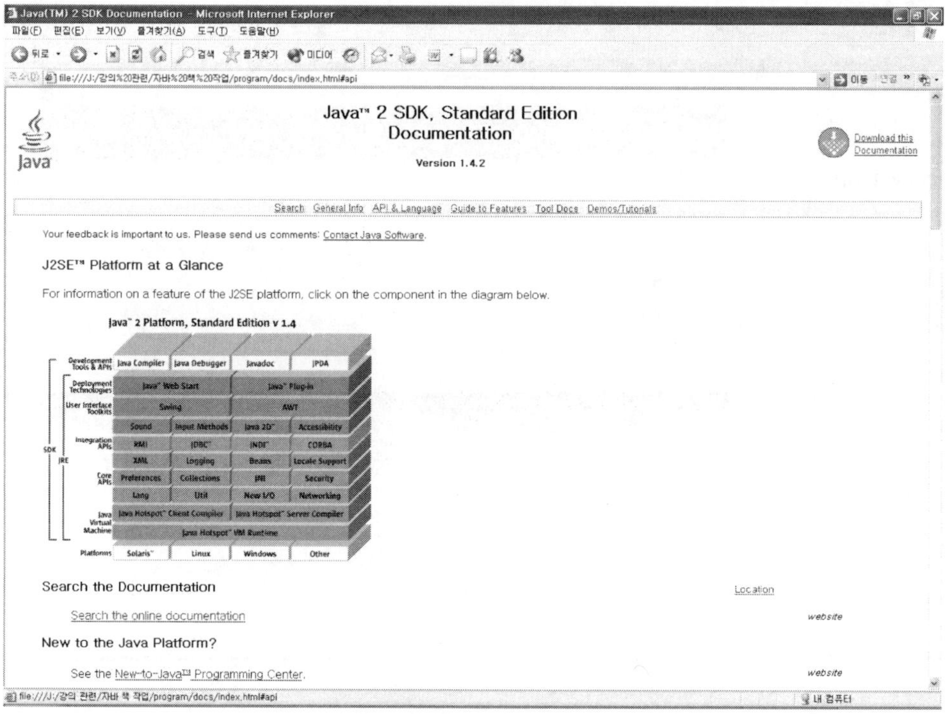

Specification

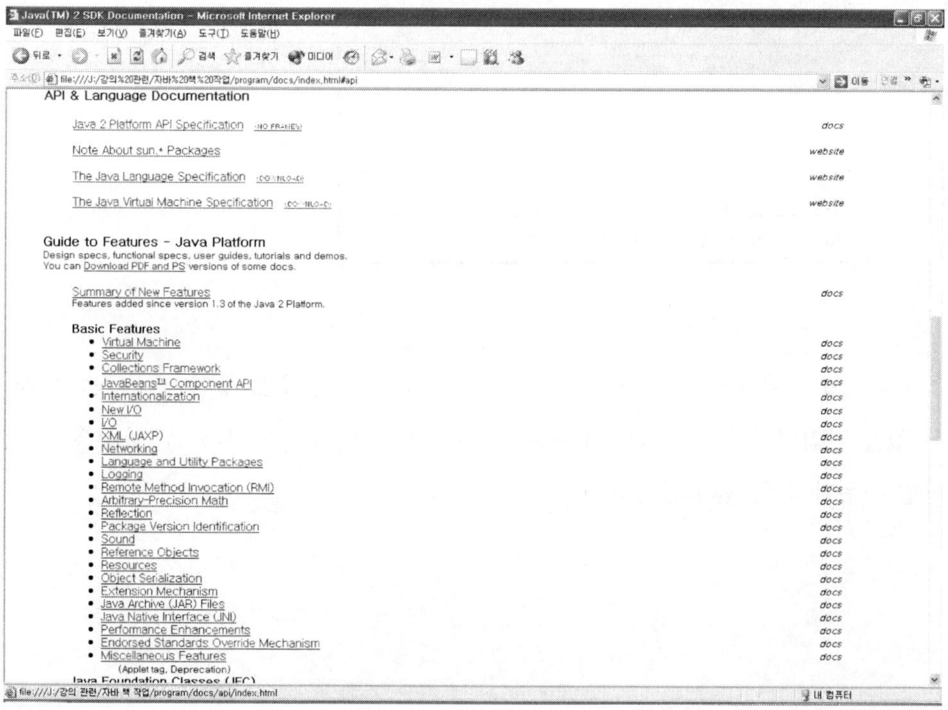

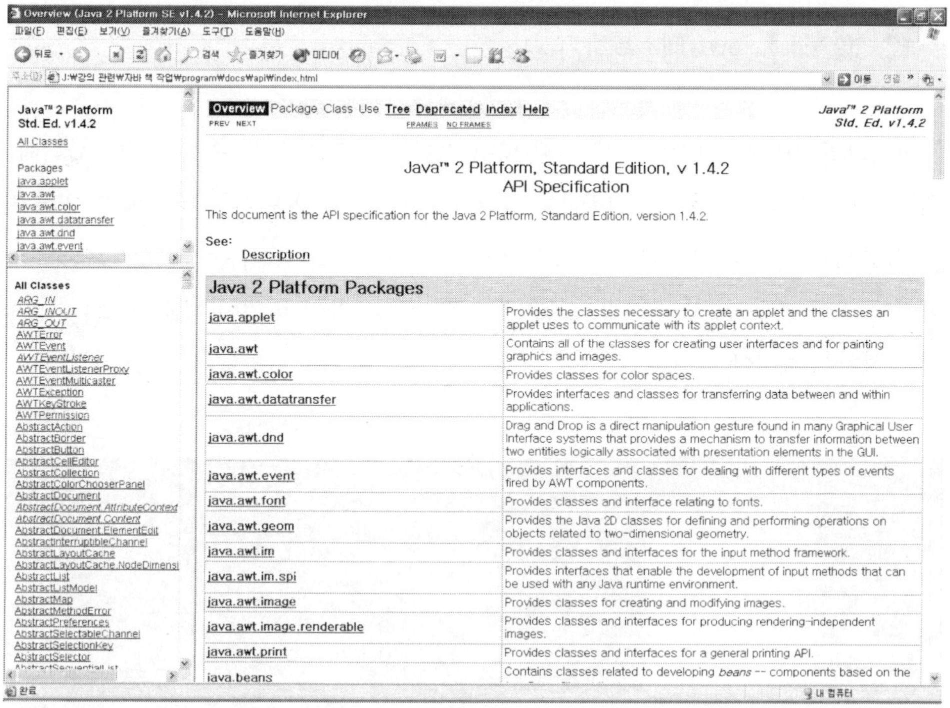

이 html 문서는 자바가 제공하는 많은 클래스의 사용법을 보여주고 있습니다. 굳이 컴퓨터 언어가 아니래도 우리가 다른 나라 언어를 배울 때 단어장과 사전을 가지고 공부하듯이 자바 프로그래밍 언어도 그러한 사용법을 알려주는 도움말이 필요합니다. 그래서 이 폴더를 j2sdk 설치 폴더 안에 "doc" 라는 폴더로 통째로 복사해 놓습니다.

물론 어느 폴더에 있어도 상관은 없지만 될 수 있는 한 그쪽에 보관 하는 것이 좋습니다. 이 문서를 잘 활용하면 여러분들도 웬만한 프로그래머처럼 프로그램을 작성할 수 있습니다. 그래서 지금은 별로 쓸 일이 없겠지만 자바에 익숙해지게 되면 더욱 두고두고 사용할 것입니다.

다음과 같이 j2sdk를 설치하고 경로를 설정하고 document 파일을 복사했다면 j2sdk의 설치가 끝났습니다. 이것으로 우리는 자바를 프로그래밍하고 컴파일 시켜 실행할 수 있는 것입니다. 그러면 제대로 설치가 되었는지를 확인하기 위해 다음과 같은 테스트를 해보겠습니다.

실습하기 java 테스트하기

처음으로 자바를 테스트하기 위해 명령 프롬프트(도스 프롬프트)가 필요합니다. 명령 프롬프트는 [모든 프로그램]-[보조 프로그램] 안에 있습니다. 나중에도 계속하여 사용해야 하므로 바탕화면에 바로가기를 만들어 놓는 것이 좋습니다. 프롬프트 화면이 뜨면 "java-version"을 쓰고 엔터를 누릅니다. 만일 버전이 나오지 않는 다면 다시 설치를 하여야 합니다.

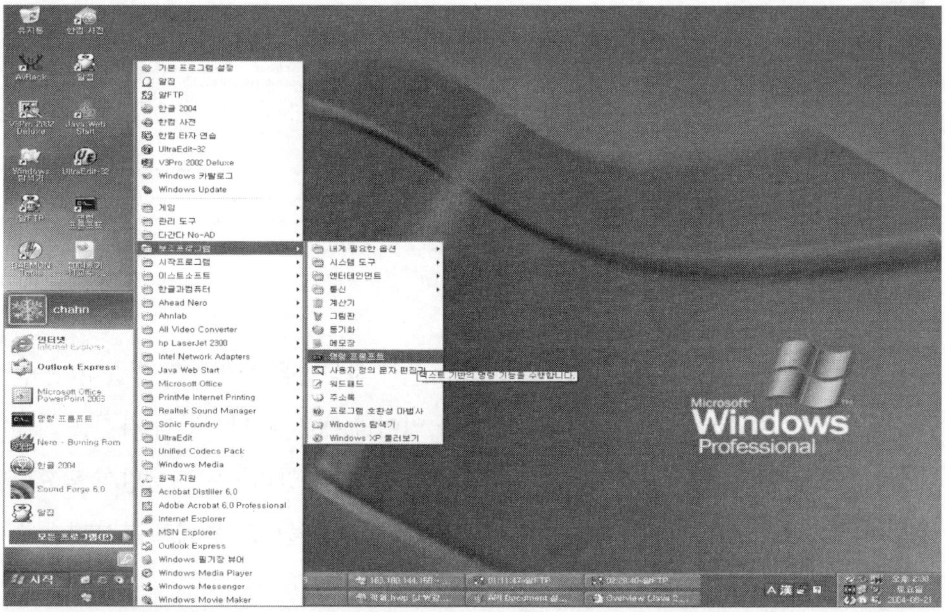

테스트가 성공했다면 이제는 자바 프로그램을 작성할 준비를 해야 합니다. 작성할 준비라는 것은 사실 별거 아닙니다. 우리가 좀더 편리하게 소스 프로그램을 작성하기 위해 에디터 툴을 사용하게 됩니다. 일반적으로 메모장을 이용해도 상관은 없지만 에디터 툴을 사용하는 것이 훨씬 편리합니다.

1.5 에디터 툴

에디터 툴에는 여러 가지가 있습니다. 그 중 두 가지 정도를 추천합니다.

(1) 울트라 에디터 : http://www.ultraedit.com

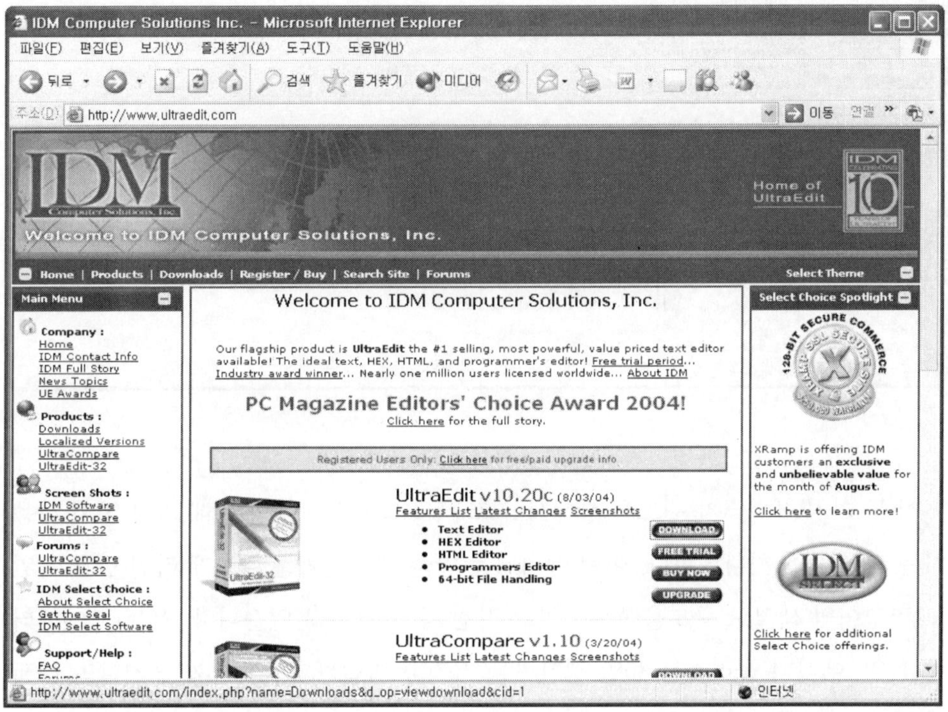

(2) 에디터 플러스 : http://www.editplus.com

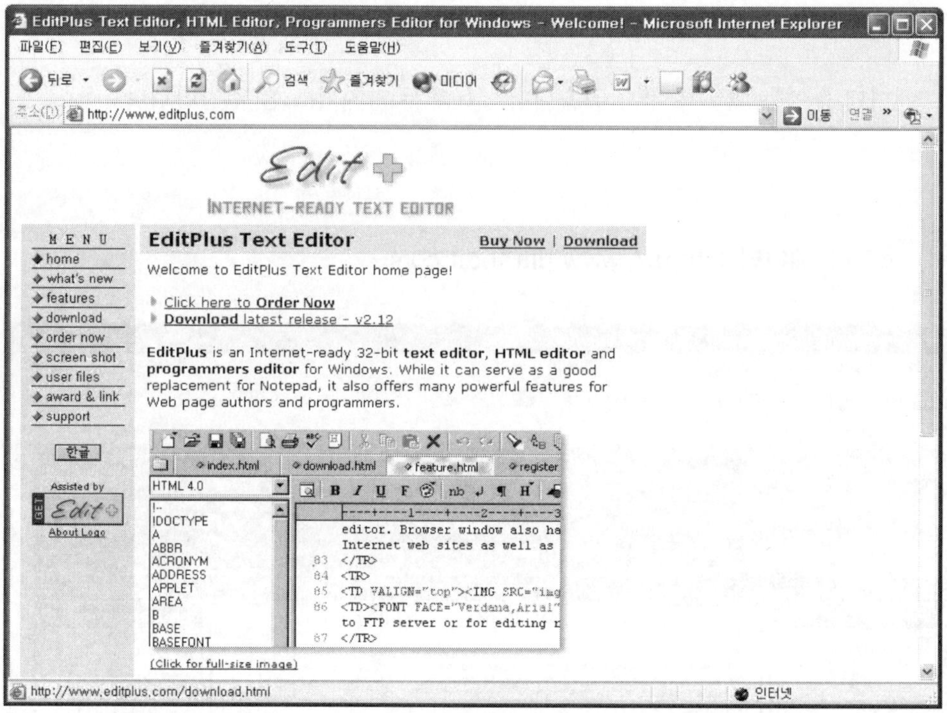

이 두 가지 에디터가 윈도우 상에서 소스 프로그램을 작성하는 데 가장 많이 사용하는 것들 중에 하나입니다. 이런 에디터는 단순 메모장과는 다르게 라인 번호가 있고 명령어의 색깔로 구분을 할 수 있는 장점 등을 가지고 있습니다. 울트라 에디터는 45일, 에디터 플러스는 30일 평가판을 가지고 있습니다. 그 날짜가 지나면 다시 다운 로드 받아서 설치하시면 또 그만큼 쓸 수 있습니다.

이 교재에서는 울트라 에디터로 강의를 진행하겠습니다.

Chapter 01 >> 요점정리

- 자바를 배우기 위해서는 j2sdk(JAVA 2 software development kit) 소프트웨어 개발도구를 자신의 컴퓨터에 설치해야 합니다.
- 자바 언어의 가장 큰 특징은 멀티 플랫폼입니다.
- JVM(Java Virtual Machine)은 j2sdk와 같이 설치되고 서로 다른 컴퓨터에서 자바 프로그램을 동일하게 실행할 수 있게 도와줍니다.
- 프로그래머가 작성한 자바 프로그램을 소스 코드라고 말하고 .java 라는 확장자를 갖습니다.
- .java 파일을 컴파일하는 명령어는 javac.exe이며 컴파일하면 .class 확장자를 갖는 바이트 코드(중간 코드)가 생성됩니다.
- JVM은 이 바이트 코드를 가져와 기계어로 인터프리터 하여 사용하며 명령어는 java.exe입니다.

Chapter 01

memo

Chapter 02

자바 프로그램 기초 문법 I

Chapter 02

자바 프로그램 기초 문법 I

2.1 주석문

JAVA programming

주석이란 프로그래머가 프로그램을 작성하면서 소스를 알기 쉽게 하기 위해 서술해 놓은 문장을 말합니다. 보통 중요한 부분을 나누기 위한 표시로 많이 이용됩니다.

프로그램이 만일 길어진다면 다른 사람이 그 프로그램을 보고 해독하기가 어려울 수밖에 없습니다. 그리고 굳이 다른 사람이 아니더라도 오래 전에 작성했던 프로그램이라면 프로그래머 자신이 헤매 일 수 있습니다. 그래서 프로그램에 대해 좀 더 쉽게 이해하거나 알기 위해 붙여 놓은 설명을 주석(comment)이라고 합니다.

주석을 작성 하는 형식은 다음과 같이 두 가지 방법이 있습니다.

(1) /* 이것은 주석입니다. */

이 주석은 한 줄 이상 일 때에 많이 사용합니다. 주석 시작을 "/*" 으로 하고 주석 끝을 "*/"으로 하여 시작부터 끝까지 모두 주석문이 됩니다.

(2) // 이것도 주석입니다.

이 주석은 한 줄만 주석으로 이용할 때 사용합니다. "//" 표시 뒤쪽은 모두 주석 처리됩니다.

실습하기 | 주석 예제 (ex21.java)

ex21.java

```
/* 주석문을 연습하는
   프로그램입니다. */

public class  ex21
{
        public static void main(String[] args)
        {
                System.out.println("주석문 연습");
        //System.out.println("이문장은 나타나지 않습니다.");
        }
}
```

실행 결과

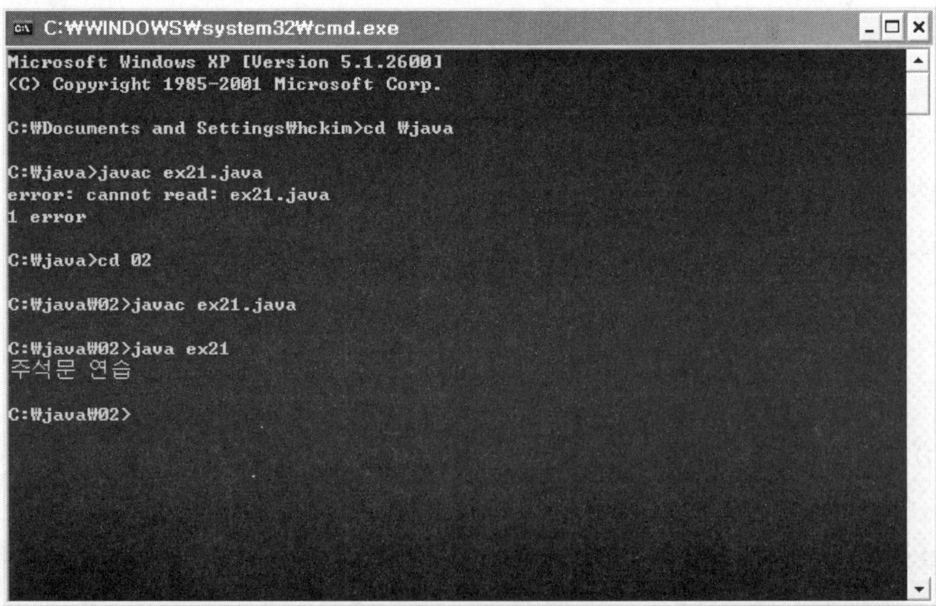

2.2 변수와 상수

우리는 자바 프로그램을 작성하면서 사용하는 변수와 상수들을 데이터라고 말합니다. 자바 프로그램 자체가 명령어들과 데이터의 집합체이기 때문에 데이터들은 프로그램 작성에 있어 가장 중요한 요소 중 하나입니다.

변수(variable number)는 말 그대로 변할 수 있는 수입니다. 우리가 프로그램을 작성할 때 데이터 값을 넣어두는 메모리가 필요하게 됩니다. 변수는 일종의 메모리 공간에 대한 별명 정도로 생각하면 됩니다. 예를 들어 "A"라는 이름의 변수를 생성한다는 것은 "A" 라는 별명을 가진 메모리 공간을 생성했다라고 생각하시면 됩니다. 우리가 메모리를 사용하기 위해 어느 공간을 만들고 그 공간에 새로운 적당한 이름을 붙여서 사용하면 그것이 바로 변수가 되는 것입니다.

상수(constant number)도 마찬가지입니다. 하지만 상수가 변수와 다른 점은 변수는 일정 메모리 공간에 들어있는 데이터가 바뀔 수 있지만 상수는 일정 메모리 공간에 들어 있는 데이터가 바뀌지 않습니다. 말 그대로 "일정한 수"를 계속 유지하는 메모리 공간이라고 생각하시면 됩니다.

아무튼 우리는 자바 프로그램을 작성하면서 여러 가지 변수나 상수, 명령문들을 사용합니다. 그러면서 많은 변수 등을 생성하게 되는데 그 때 변수나 상수의 이름은 일정한 규칙에 따라서 작성되어집니다. 또한 후에 등장하겠지만 클래스의 이름이나 패키지 이름, 인터페이스 이름, 메소드 이름 등을 만들어서 사용하게 됩니다. 이러한 이름들 역시 일정한 규칙을 가진 권장안을 통해 만들어집니다. 이 권장안의 경우 말 그대로 권장안이기 때문에 꼭 지킬 필요는 없습니다. 하지만 자바 프로그램을 작성하거나 다른 사람이 작성한 자바 프로그램을 해석하는 데 있어 매우 유용하기 때문에 가능한 이 권장안을 따르는 것이 현명합니다.

2.3 변수명 (identifier) 작성시 권장안

JAVA programming

① 키워드를 사용하지 않는다.

② 모든 이름은 가능한 15자 이상은 사용하지 않는다.

③ 모든 이름은 그 의미가 명확하게 전달되도록 부여한다.

④ 가능한 비슷한 이름은 사용하지 않는다.

⑤ 클래스명의 경우 첫 글자는 반드시 대문자로 표기 한다.

⑥ 클래스명이 2개 이상의 단어로 만들어 질 때 각 단어의 첫 글자를 대문자로 기술한다.

⑦ 변수명의 첫 글자는 소문자로 표기한다.

⑧ 변수명이 2개 이상의 단어로 만들어 질 때 두 번째 단어부터 첫글자를 대문자로 표기한다.

〈기타〉

- 변수명은 한글을 사용할 수 있다.
- 변수명에서 첫글자를 '_'이나 '$'를 사용할 수 있다.
- 변수명의 길이 제한은 없다.
- 대소문자를 구분한다.

2.4 키워드 (keyword)

JAVA programming

키워드란 자바 언어를 만들 때 미리 특별한 의미를 부여해 놓은 단어들을 말합니다. 만일 우리가 변수명이나 클래스 이름을 키워드와 같은 낱말을 사용한다면 그 변수들을 이용할 때 실제 자바에서 사용하는 명령어로 착각할 수 있습니다. 그러므로 자바에서는 키워드를 데이터 이름으로 이용하면 컴파일 할 때에 에러 메시지를 띄우게 됩니다. 모든 프로그래밍 언어는 각각의 명령어들을 가지고 있기 때문에 당연히 키워드를 가지고 있습니다.

다음은 자바에서 사용하는 49개의 키워드를 나열하였습니다.

abstract	do	implements	private	this
boolean	double	import	protected	throw
break	else	instance	public	throws
byte	extends	int	return	transient
case	false	interface	short	true
catch	final	long	static	try
char	finally	native	string	void
class	float	new	super	volatile
continue	for	null	switch	while
default	if	package	synchronized	

2.5 기본 데이터 타입

JAVA programming

앞에서 말한 대로 변수와 상수는 일종의 메모리 공간을 칭하는 말입니다. 하지만 우리가 변수나 상수를 선언할 때(메모리 공간을 요구할 때) 어느 정도의 메모리 공간인지를 확인할 필요가 있습니다.

그래서 데이터 타입(데이터 형)이 나오는 것입니다. 데이터 타입에 따라 데이터를 선언하면 형식에 맞는 메모리 공간을 확보하고 데이터 이름, 즉 변수명이나 상수명을 호출할 때 그 메모리에 보관된 데이터가 호출됩니다.

(1) 정수형 (integral)

정수형을 선언할 때에는 총 4가지의 타입 지정자가 존재합니다. 타입 지정자란 메모리 공간의 크기와 표현 할 수 있는 범위를 나타냅니다.

·타입 지정자 : byte, short, int, long

·지정자 비트수 : 8bit, 16bit, 32bit, 64bit

·값의 범위 : -2^{7}~$2^{7}-1$, -2^{15}~$2^{15}-1$, -2^{31}~$2^{31}-1$, -2^{63}~$2^{63}-1$

정수형의 경우 int 형을 기본으로 사용합니다. long형의 경우는 변수 선언시 데이터 뒤쪽에 "L"이나 "l"을 붙여서 사용합니다. 앞에서 보았듯이 long 형은 int 형에 비해 데이터를 넣어둘 공간이 2배이므로 그만큼 더 큰 수를 넣어둘 수 있습니다. 당연히 뒤쪽에 "L"이나 "l"을 붙이는 것이 더 큰 수를 표현 할 수 있습니다.

실습하기 정수형 변수 예제 (ex22.java)

ex22.java

```java
public class ex22 {
    public static void main( String[] args ) {

      byte byteNumber = 10;
      byte byteMaxNumber = 127;

      short shortNumber = 128;
      short shortMaxNumber = 32767;

      int intNumber = 32768;
      int intMaxNumber = 2147483647;

      long longNumber = 2147483648L;
      long longMaxNumber = 9223372036854775807L;

      System.out.println( "byteNumber = " + byteNumber );
      System.out.println( "byteMaxNumber = " + byteMaxNumber + "\n" );
      System.out.println( "shortNumber = " + shortNumber );
      System.out.println( "shortMaxNumber = " + shortMaxNumber + "\n" );
      System.out.println( "intNumber = " + intNumber );
      System.out.println( "intMaxNumber = " + intMaxNumber + "\n" );
      System.out.println( "longNumber = " + longNumber );
      System.out.println( "longMaxNumber = " + longMaxNumber );

    }
}
```

실행 결과

```
명령 프롬프트

c:\java>javac ex22.java

c:\java>java ex22
byteNumber = 10
byteMaxNumber = 127

shortNumber = 128
shortMaxNumber = 32767

intNumber = 32768
intMaxNumber = 2147483647

longNumber = 2147483648
longMaxNumber = 9223372036854775807

c:\java>_
```

(2) 실수형 (floating)

실수형은 말 그대로 실수를 넣을 수 있는 메모리 공간을 말합니다. 그래서 실수형을 선언할 때에는 2가지 타입 지정자가 존재합니다.

- 타입 지정자 : float, double
- 지정자 비트수 : 32bit, 64bit

실수형의 경우 일반적으로 float 형을 사용합니다. float 형을 사용할 때에는 데이터 뒤쪽에 "F"나 "f"를 붙여 사용합니다. double 형은 float 형보다 메모리 공간을 2배 크게 할당하기 때문에 int 형과 long 형의 관계와 마찬가지로 더 큰 수를 저장해 놓을 수 있습니다.

실습하기 | 실수형 변수 예제 (ex23.java)

ex23.java

```
public class ex23 {
    public static void main( String[] args ) {

      float floatValue = 3.14F;
      double doubleValue = 3.14;

      System.out.println( "floatValue = " + floatValue );
      System.out.println( "doubleValue = " + doubleValue );

    }
}
```

실행 결과

명령 프롬프트

```
c:\java>javac ex23.java

c:\java>java ex23
floatValue = 3.14
doubleValue = 3.14

c:\java>
```

(3) 문자형 (textual)

문자형은 문자를 넣을 수 있는 메모리 공간을 말합니다.

- 타입 지정자 : char
- 지정자 비트수 : 16bit

문자형의 경우는 char라는 타입 지정자를 사용하는데 기본적으로 ASCII(American Standard Code for Information Interchange) 코드를 사용합니다. ASCII 코드는 8비트 코드로 영문이나, 특수 기호, 숫자 등을 이진 디지트로 표현해 주는 표준 코드 표입니다.

char 형은 한 개의 문자만을 의미하고 '(단일 따옴표)를 사용하여 표현합니다.

실습하기 | 문자형 변수 예제 (ex24.java)

ex24.java

```
public class ex24 {
    public static void main( String[] args ) {

      char charValue = 'c';

      char newLineValue = '\n';
      char tabValue = '\t';
      char quouteValue = '\"';

      System.out.println( "charValue = " + charValue );
      System.out.println( newLineValue );
      System.out.println( "한줄이 띄워졌어요. 여기부터" + tabValue + "텝크기만큼 공간이 생겼어요" );
      System.out.println( quouteValue + "문자 사이에 Double Quoute가 찍혔어요." + quouteValue );

    }
}
```

실행 결과

```
명령 프롬프트
c:\java>javac ex24.java

c:\java>java ex24
charValue = c


한줄이 띄워졌어요. 여기부터      탭크기만큼 공간이 생겼어요
"문자 사이에 Double Quoute가 찍혔어요."

c:\java>_
```

앞의 예제에서 미리 보았지만 문자형 데이터와 비슷한 것이 바로 "특수문자 상수" 입니다. 자바 프로그램에서 간혹 유용하게 사용하는 특수문자 상수는 특수한 기능을 표현하는 상수입니다. 일반적으로 '\'(역슬래시)로 시작하고 문자형 변수에 저장한 후에 사용하게 됩니다.

다음은 특수문자 상수 표입니다.

특수문자 상수	기능
\b	백 스페이스
\f	폼 피드
\n	새 라인
\r	캐리지 리턴
\t	탭
\"	겹 따옴표
\'	단일 따옴표
\\	백 슬래시

(4) 논리형 (logical)

논리형이란 참과 거짓을 표현할 수 있는 데이터입니다. 데이터 자체가 "true"와 "false" 로 나타납니다.

- 타입 지정자 : boolean
- 지정자 비트수 : 8bit

논리형 데이터는 두 가지 입니다. "true"와 "false"가 바로 그것입니다. 데이터 자체가 문자열의 형태로 저장되는 것이 아니고 "참"과 "거짓", "옳다"와 "그르다"의 형태로, 즉 논리값으로 저장됩니다.

앞에서 본 기본 데이터 타입 이외에도 많이 사용하는 데이터 타입들이 있습니다. 이러한 데이터 타입을 참조 데이터 타입이라고 하는데 그 중 가장 많이 사용하는 데이터 타입은 문자열 타입입니다.

(5) 문자열 타입

- 타입 지정자 : String
- 선언형식 : " " (이중 따옴표)로 문자열을 묶음

문자열은 문자들이 열을 지어 있는 형태를 말합니다. [3]과 같은 문자형의 경우는 단 하나의 문자만을 저장할 공간밖에 없습니다. 하지만 String 형의 경우 크기가 정해져 있지 않습니다. 다시 말하면 문자들의 집합을 저장하되 그 문자열이 얼마나 큰지를 확인하지 못하기 때문에 저장 공간을 무한대로 해놓은 것입니다. 문자열은 "(겹 따옴표) 안에 넣어 사용합니다. 물론 문자열로 지정하고 한 글자(한 문자)만을 넣어 사용할 수도 있습니다.

나중에 더 자세히 설명하겠지만 String 형은 자바 언어에 있는 String 이라는 객체가 제공되어 다양한 문자열 조작을 할 수 있습니다.

실습하기 문자열 타입 예제 (ex25.java)

ex25.java

```
public class ex25 {
    public static void main( String[] args ) {

      String stringValue1 = "S";
      String stringValue2 = "한글";
      String stringValue3 = "1.22";
      String stringValue4 = "STRING";

      System.out.println( "stringValue1 = " + stringValue1 );
      System.out.println( "stringValue2 = " + stringValue2 );
      System.out.println( "stringValue3 = " + stringValue3 );
      System.out.println( "stringValue4 = " + stringValue4 );

    }
}
```

실행 결과

```
명령 프롬프트

c:₩java>javac ex25.java

c:₩java>java ex25
stringValue1 = S
stringValue2 = 한글
stringValue3 = 1.22
stringValue4 = STRING

c:₩java>_
```

지금까지 우리는 자바에서 사용하는 여러 가지 데이터 타입에 대해서 살펴보았습니다. 다음은 기본 데이터 타입에 대한 전체 예제입니다. 이 예제를 실습하시면서 데이터 타입에 대해 복습하기 바랍니다.

실습하기 기본 데이터 타입 예제 1 (ex26.java)

ex26.java

```java
public class ex26 {

    public static void main(String args[]) {

      boolean flagValue = true;
      byte sendMessage = 13;
      short lessThanIntegerValue=100;
      char inputCharacter = 'A';
      int integerValue  = 12345;
      long longValue = 32768L;
      float realValue = 123.567F;
      double greatThanRealValue = 0.1345;

      System.out.println("초기 상수값 결과 보기");
      System.out.println("1. boolean Type flagValue = " + flagValue);
      System.out.println("2. byte Type flagValue = " + sendMessage);
      System.out.println("3. short Type flagValue = " + lessThanIntegerValue);
      System.out.println("4. char Type flagValue = " + inputCharacter);
      System.out.println("5. int Type flagValue = " + integerValue);
      System.out.println("6. long Type flagValue = " + longValue);
      System.out.println("7. float Type flagValue = " + realValue);
      System.out.println("8. doublee Type flagValue = "+greatThanRealValue);

      flagValue = false;
      sendMessage = 50;
      lessThanIntegerValue = 255;
      inputCharacter = 67;
      integerValue  = 32764;
      longValue = 500001;
      realValue = 10.457f;
      greatThanRealValue = 123;


```

```java
        System.out.println("\n새로 상수값 입력한 결과 보기");
        System.out.println("1'. boolean Type flagValue = " + flagValue);
        System.out.println("2'. byte Type flagValue = " + sendMessage);
        System.out.println("3'. short Type flagValue = " + lessThanIntegerValue);
        System.out.println("4'. char Type flagValue = " + inputCharacter);
        System.out.println("5'. int Type flagValue = " + integerValue);
        System.out.println("6'. long Type flagValue = " + longValue);
        System.out.println("7'. float Type flagValue = " + realValue);
        System.out.println("8'. doublee Type flagValue = "+greatThanRealValue);

    }
}
```

실행 결과

```
명령 프롬프트

c:₩java>javac ex26.java

c:₩java>java ex26
초기 상수값 결과 보기
1. boolean Type flagValue = true
2. byte Type flagValue = 13
3. short Type flagValue = 100
4. char Type flagValue = A
5. int Type flagValue = 12345
6. long Type flagValue = 32768
7. float Type flagValue = 123.567
8. doublee Type flagValue = 0.1345

새로 상수값 입력한 결과 보기
1'. boolean Type flagValue = false
2'. byte Type flagValue = 50
3'. short Type flagValue = 255
4'. char Type flagValue = C
5'. int Type flagValue = 32764
6'. long Type flagValue = 50000
7'. float Type flagValue = 10.457
8'. doublee Type flagValue = 123.0

c:₩java>_
```

변수에 보관할 수 있는 범위를 넘는 수를 대입하는 경우를 오버플로우(overflow)라고 하는데 프로그래머는 항상 이러한 오버플로우를 조심해야 한다. 다음은 오버플로우가 발생하는 경우이다.

실습하기 기본 데이터 타입 예제 2 (ex27.java)

ex27.java

```java
class ex27
{
    public static void main(String[] args)
    {
        byte OverFlowByteX = 275;
        short OverFlowIntY = 73823;

        System.out.println("x의 값은" + OverFlowByteX);
        System.out.println("y의 값은" + OverFlowIntY);

    }
}
```

실행 결과

```
C:\WINDOWS\system32\cmd.exe

C:\java\02>javac ex27.java
ex27.java:5: possible loss of precision
found   : int
required: byte
                byte OverFlowByteX = 275;
                                     ^
ex27.java:6: possible loss of precision
found   : int
required: short
                short OverFlowIntY = 73823;
                                     ^
2 errors

C:\java\02>_
```

Chapter 02 >> 요점정리

- 자바 프로그램의 구조는 이렇습니다.

```
public class 클래스 이름(파일명){
public static void main(String[] args){
명령어;
}
}
```

- 주석문은 여러 문장을 설명할 수 있는 "/*...*/" 형식을 사용하고 한 라인을 설명할 수 있는 "//" 이러한 형식도 사용할 수 있습니다.
- 변수는 프로그래머가 값을 보관하기 위해 메모리를 만드는 공간을 말합니다.
- 자바의 기본 데이터 형은 정수형, 실수형, 문자형, 논리형이 있습니다.
- 변수를 선언할 때에는 다음과 같은 형식을 사용합니다.

  데이터형의 타입 지정자_변수명;
- 변수를 선언한 후 변수 안에 데이터 값을 넣는 작업을 "초기화 한다" 혹은 "변수 메모리에 값을 할당한다" 라는 문장을 사용합니다.

Chapter 02

Chapter 03
자바 프로그램 기초 문법 II

Chapter 03

자바 프로그램 기초 문법 II

3.1 연산자

JAVA programming

자바에는 연산자가 크게 9종류가 있습니다. 할당 연산자, 산술 연산자, 증감 연산자, 관계 연산자, 논리 연산자, 3항 연산자, 비트 연산자, 쉬프트 연산자, 형변환 연산자가 바로 그것입니다. 이 절에서는 이러한 연산자에 대해서 알아보겠습니다.

(1) 할당 연산자

할당 연산자란 앞에서 배웠던 변수나 상수에 값을 넣어주는 역할을 하는 연산자를 말합니다. 그래서 프로그램을 작성할 때 간단하면서도 가장 많이 쓰이는 연산자입니다. 할당 연산자로 사용하는 "="는 수학에서의 "같다"라는 뜻이 아니고 오른쪽에 있는 요소, 즉 변수값이나 상수값을 왼쪽에 있는 변수나 상수로 넣는다는 뜻입니다. 우리는 그런 과정을 "기억시킨다" 또는 "할당시킨다" 라고 부릅니다. 프로그래밍 과정에서는 "초기화 한다"라고도 표현합니다. 참고로 수학에서의 "같다"의 표현은 "==" 식으로 쓰입니다.

실습하기 | 할당 연산자 예제 (ex311.java)

ex311.java

```
public class ex311 {
    public static void main( String[] args ) {

        int intValue1 = 10;

        int intValue2;
        intValue2 = 20;

        int total = intValue1 + intValue2;
        System.out.println( "total = " + total );

        total = total + 30;
        System.out.println( "total = " + total );

        total = total * 30;
        System.out.println( "total = " + total );

    }
}
```

실행 결과

```
명령 프롬프트

J:₩강의 관련₩자바 책 작업₩java source>javac ex311.java

J:₩강의 관련₩자바 책 작업₩java source>java ex311
total = 30
total = 60
total = 1800

J:₩강의 관련₩자바 책 작업₩java source>
```

(2) 산술 연산자

산술 연산자에는 총 5가지가 있습니다. 우리가 흔히 사칙 연산자라고 불리는 +, -,*,/ 와 나머지 연산자 %가 바로 그것입니다. 산술 연산자는 여러분들이 잘 알듯이 계산을 하기 위한 연산자입니다. 정수는 물론 실수도 연산할 수 있습니다.

다음 예제에서는 정수연산만 실습을 하고 실수의 경우 나중에 나오는 형 변환 연산자와 같이 실습할 것입니다.

실습하기 산술 연산자 예제 1 (ex312.java)

ex312.java

```
public class ex312 {
    public static void main( String[] args ) {

        int result;

        int intValue1 = 20;
        int intValue2 = 10;

        result = intValue1 + intValue2;
        System.out.println( intValue1 + " + " + intValue2 + " = " + result );

        result = intValue1 - intValue2;
        System.out.println( intValue1 + " - " + intValue2 + " = " + result );

        result = intValue1 * intValue2;
        System.out.println( intValue1 + " * " + intValue2 + " = " + result );

        result = intValue1 / intValue2;
        System.out.println( intValue1 + " / " + intValue2 + " = " + result );

        result = intValue1 % intValue2;
        System.out.println( intValue1 + " % " + intValue2 + " = " + result );

    }
}
```

실행 결과

```
명령 프롬프트

J:₩강의 관련₩자바 책 작업₩java source>javac ex312.java

J:₩강의 관련₩자바 책 작업₩java source>java ex312
20 + 10 = 30
20 - 10 = 10
20 * 10 = 200
20 / 10 = 2
20 % 10 = 0

J:₩강의 관련₩자바 책 작업₩java source>_
```

실습하기 산술 연산자 예제 2 (ex312_1.java)

ex312_1.java

```
class ex312_1
{
    public static void main(String[] args)
    {
        int x = 111;
        int z,y = 6;
        z = 200 + x + y;

        System.out.println("200 + x + y의 값은 " + z);

    }
}
```

실행 결과

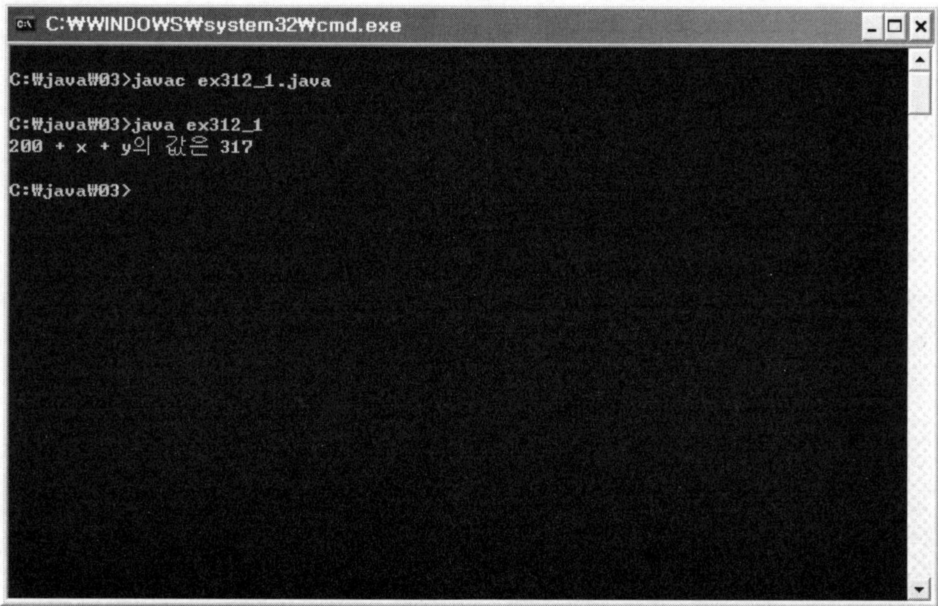

(3) 증감 연산자

증감 연산자는 증가, 감소 연산자의 준말로서 정수형 변수의 앞이나 뒤에 붙어 사용되는 연산자를 말합니다. 증감 연산자가 변수의 앞에 붙으면 전위 연산자(prefix operator)라고 불리고 변수의 뒤에 붙으면 후위 연산자(postfix operator)라고 불립니다. 전위 연산자가 붙으면 연산하기 전에 정수형 변수의 값을 하나 이상 증가시키거나 감소시키고, 후위 연산자가 붙으면 연산한 후에 변수의 값을 하나 이상 증가시키거나 감소시킵니다.

연산자	형태	의미
++	++x x++	연산 전에 x 값 1 증가 연산 후에 x 값 1 증가
–	–x x–	연산 전에 x 값 1 감소 연산 후에 x 값 1 감소

자바 언어에서는 변수의 값을 증가 혹은 감소시키기 위해 x=x+1; 이나 x=x-1; 의 문장을 쓰는 것 보다 증감 연산자를 사용하는 것이 훨씬 효율적입니다. 왜냐하면 증감을 실행하기 위해 메모리에 있는 x값을 불러 연산한 후 저장하고 또 다시 변수 x를 호출하는 것보다 한번에 여러 개의 명령어를 수행하는 것이 더 좋기 때문입니다.

이 연산자는 변수가 아닌 식에서는 사용될 수 없습니다. 또한 실수형 변수에도 적용시킬 수 없습니다.

실습하기 | 증감 연산자 예제 1 (ex313.java)

ex313.java

```
public class ex313 {
    public static void main( String[] args ) {
        int incValue = 10;
        int decValue = 10;

        incValue = incValue + 1;
        System.out.println( "IncrementValue = " + incValue );

        ++incValue;
        System.out.println( "IncrementValue = " + incValue );

        incValue++;
        System.out.println( "IncrementValue = " + incValue );

        --decValue;
        System.out.println( "DecrementValue = " + decValue );

        decValue--;
        System.out.println( "DecrementValue = " + decValue );

        int intValue1 = 30;
        int intValue2 = 30;
        int intValue3 = 30;
        int intValue4 = 30;

        int addValue1 = intValue1++;
        System.out.println( "intValue1 = " + intValue1 + " : addValue1 = " + addValue1 );

```

```
        int addValue2 = ++intValue2;
        System.out.println( "intValue2 = " + intValue2 + " : addValue2 = " + addValue2 );

        int subValue1 = intValue3--;
        System.out.println( "intValue3 = " + intValue3 + " : subValue1 = " + subValue1 );

        int subValue2 = --intValue4;
        System.out.println( "intValue4 = " + intValue4 + " : subValue2 = " + subValue2 );
    }
}
```

실행 결과

```
명령 프롬프트

J:₩강의 관련₩자바 책 작업₩java source>javac ex313.java

J:₩강의 관련₩자바 책 작업₩java source>java ex313
IncrementValue = 11
IncrementValue = 12
IncrementValue = 13
DecrementValue = 9
DecrementValue = 8
intValue1 = 31 : addValue1 = 30
intValue2 = 31 : addValue2 = 31
intValue3 = 29 : subValue1 = 30
intValue4 = 29 : subValue2 = 29

J:₩강의 관련₩자바 책 작업₩java source>
```

실습하기 | 증감 연산자 예제 2 (ex313_1.java)

ex313_1.java

```
class ex313_1
{
    public static void main(String[] args)
    {
        int x=1;
        int y = x++;  //y=1 x=2

        x=1;          // x에 다시 1을 할당
        int z=++x;    // z=2 x=2,

        System.out.println("y의 값은" + y);
        System.out.println("y++의 값은" + y++);
        System.out.println("++y의 값은" + ++y);
        System.out.println("z의 값은" + z);
    }
}
```

실행 결과

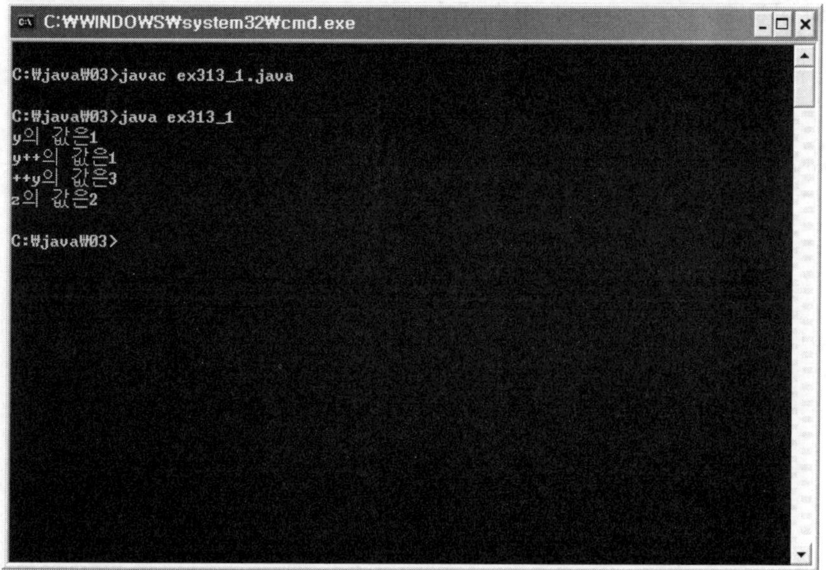

(4) 관계 연산자

관계 연산자는 다음 표와 같이 총 6가지가 있습니다. 일반적으로 두 값에 대한 관계를 알 수 있는 연산자인데 크기를 기준으로 관계를 알 수 있습니다. 관계 연산자에서 가장 중요한 것은 바로 반환값입니다. 반환값이란 실제 연산자를 사용하였을 때 출력되는 값을 말하는데 관계 연산자를 사용하면 두 개 값을 비교하여 참이면 "true"를 거짓이면 "false"를 반환합니다. 또한 관계 연산자는 두 개의 값을 비교하기 때문에 이항 연산자의 형태를 가지고 있습니다.

연산자	형태	의미
〉	x〉y	x가 y 보다 크다
〉=	x〉=y	x는 y와 크거나 같다
〈	x〈y	x는 y 보다 작다
〈=	x〈=y	x는 y와 작거나 같다
==	x==y	x와 y는 같다
!=	x!=y	x와 y는 같지 않다

앞의 6가지 연산자를 크게 두 형태로 나누면 크다, 작다의 비교 연산자와 같다, '같지 않다'의 항등 연산자로 나눌 수 있습니다.

실습하기 관계 연산자 예제 (ex314.java)

ex314.java

```
public class ex314 {
    public static void main( String[] args ) {

        boolean result;
        int relValue1 = 10;
        int relValue2 = 20;

        result = 10 > 20;
        System.out.println( "10 > 20 은 " + result );

        result = 10 >= 20;
        System.out.println( "10 >= 20 은 " + result );

        result = 10 < 20;
        System.out.println( "10 < 20 은 " + result );

        result = 10 <= 20;
        System.out.println( "10 <= 20 은 " + result );

        result = 10 == 20;
        System.out.println( "10 == 20 은 " + result );

        result = 10 != 20;
        System.out.println( "10 != 20 은 " + result );
    }
}
```

실행 결과

```
명령 프롬프트

J:\강의 관련\자바 책 작업\java source>javac ex314.java

J:\강의 관련\자바 책 작업\java source>java ex314
10 > 20 은 false
10 >= 20 은 false
10 < 20 은 true
10 <= 20 은 true
10 == 20 은 false
10 != 20 은 true

J:\강의 관련\자바 책 작업\java source>_
```

(5) 논리 연산자

논리 연산자는 두 데이터의 논리 관계를 나타내는 연산자로 두 개의 변수 데이터를 갖는 논리곱(&&), 논리합(||) 연산자와 하나의 변수 데이터를 갖는 논리부정(!) 연산자로 구성된다. 일반적으로 사용하지는 않지만 논리적으로 참과 거짓을 구분하는 연산자입니다. 다음 표는 3개의 논리 연산자에 대한 내용입니다.

<table>
<tr><th>연산자</th><th>사용 예</th><th>의미</th></tr>
<tr><td>&&</td><td>x&&y</td><td>논리곱</td></tr>
<tr><td>||</td><td>x||y</td><td>논리합</td></tr>
<tr><td>!</td><td>!x</td><td>논리 부정</td></tr>
</table>

각각 논리곱, 논리합에 대한 진리표(참과 거짓을 나타내는 표)는 다음과 같습니다.

<table>
<tr><th>AND(논리곱)</th><th>결과</th><th>OR(논리합)</th><th>결과</th></tr>
<tr><td>T && T</td><td>true</td><td>T || T</td><td>true</td></tr>
<tr><td>T && F</td><td>false</td><td>T || F</td><td>true</td></tr>
<tr><td>F && T</td><td>false</td><td>F || T</td><td>true</td></tr>
<tr><td>F && F</td><td>false</td><td>F || F</td><td>false</td></tr>
</table>

논리부정의 경우 NOT(논리 부정, !)은 당연히 반대되는 결과값을 반환합니다. 참이면 거짓을, 거짓이면 참을 반환하는 것입니다.

논리연산에서 사용하는 true나 false 값은 문자가 아니라 상수값입니다. 이런 상수값은 이전에 데이터형에서도 잠깐 나왔는데 부울대수라고 말합니다. 그래서 이런 상수를 논리상수(logical constant) 또는 부울상수(boolean constant)라고 합니다.

실습하기 논리 연산자 예제 (ex315.java)

ex315.java

```java
public class ex315 {
    public static void main( String[] args ) {

        int logValue1 = 10;
        int logValue2 = 20;

        boolean boolValue1 = false;
        boolean boolValue2 = true;

        boolean result;

        result = ( logValue1 > logValue2 ) && ( logValue1 < logValue2 );
        System.out.println( "AND operator Result = " + result );

        result = ( logValue1 > logValue2 ) || ( logValue1 < logValue2 );
        System.out.println( "AND operator Result = " + result );

        result = !( logValue1 > logValue2 );
        System.out.println( "NOT operator Result = " + result );


        result = boolValue1 && boolValue2;
        System.out.println( "AND operator Result = " + result );

        result = boolValue1 || boolValue2;
        System.out.println( "OR operator Result = " + result );

        result = !true;
        System.out.println( "NOT operator Result = " + result );

        }
}
```

실행 결과

```
명령 프롬프트

J:₩강의 관련₩자바 책 작업₩java source>javac ex315.java

J:₩강의 관련₩자바 책 작업₩java source>java ex315
AND operator Result = false
AND operator Result = true
NOT operator Result = true
AND operator Result = false
OR operator Result = true
NOT operator Result = false

J:₩강의 관련₩자바 책 작업₩java source>
```

(6) 조건 연산자

조건 연산자는 세 개의 피연산자를 갖는 연산자로서 3항 연산자(ternary operator)라고도 불립니다. 조건 연산자는 이름에서도 알 수 있듯이 조건을 따져서 실행하는 연산자를 말합니다.

다음은 조건 연산자의 형태입니다.

식1(관계식) ? 식2(참일 때 수행) : 식3(거짓일 때 수행)

식1의 관계식이 참이면 식2를 수행하고 거짓이면 식3를 수행합니다.

실습하기 조건 연산자 예제 1 (ex316.java)

ex316.java

```
public class ex316 {
    public static void main( String[] args ) {
        int a = 10;
        int b = 20;

        System.out.println( a > b ? 100 : 200 );
        System.out.println( a < b ? "Java" : "Programming" );
        System.out.println( a > b ? a*50 : b*50 );

    }
}
```

실행 결과

```
명령 프롬프트
J:₩강의 관련₩자바 책 작업₩java source>javac ex316.java

J:₩강의 관련₩자바 책 작업₩java source>java ex316
200
Java
1000

J:₩강의 관련₩자바 책 작업₩java source>_
```

실습하기 조건 연산자 예제 2 (ex316_1.java)

ex316_1.java

```
class ex316_1
{
    public static void main(String[] args)
    {
        int x = 10;
        int y;

        y = x < 9 ? 3 : 5;
        System.out.println("결과는 " + y);

    }
}
```

실행 결과

```
C:₩WINDOWS₩system32₩cmd.exe

C:₩java₩03>javac ex316_1.java

C:₩java₩03>java ex316_1
결과는 5

C:₩java₩03>_
```

(7) 비트 연산자

대부분의 연산자는 바이트나 워드 단위로 실행되는 반면 비트 연산자는 비트 단위로 연산을 수행합니다. BIT란 Binary DigiT의 약어로 2진수라는 뜻을 가지고 있습니다. 그래서 비트 연산자는 변수 내의 비트에 접근하여 비트 단위로 연산을 하기 때문에 반드시 정수형 변수를 사용합니다. 자바 언어에서는 비트 연산자가 4가지 있습니다.

비트 연산자	연산자 이름	기능
&	bit AND	비트 단위 AND 연산
|	bit OR	비트 단위 OR 연산
^	Exclusive OR	배타적 OR 연산
~	Complement	보수 연산

논리 연산자에서 보았듯이 비트 연산자도 단위만 비트일 뿐이지 똑같은 기능을 합니다. 단지 true를 1로 false를 0으로만 바꾸면 됩니다.

새로 등장한 배타적 OR 연산은 비교하는 두 비트가 같을 경우에는 0이 되고 다른 경우에는 1이 됩니다. 보수연산의 경우는 0은 1로, 1은 0으로 바꾸는 것으로 반대값을 지니게 됩니다. 다음 표는 비트 연산자에 대한 결과값을 보여줍니다.

bit AND		결과값
0	0	0
0	1	0
1	0	0
1	1	1

bit OR		결과값
0	0	0
0	1	1
1	0	1
1	1	1

배타적 연산		결과값
0	0	0
0	1	1
1	0	1
1	1	0

보수 연산	결과값
0	1
1	0

실습하기 비트 연산자 예제 1 (ex317.java)

ex317.java

```
public class ex317 {
    public static void main( String[] args ) {
        System.out.println( "118 & 15 의 결과 값은 " + ( 118 & 15 ));
        System.out.println( "118 | 15 의 결과 값은 " + ( 118 | 15 ));
        System.out.println( "118 ^ 15 의 결과 값은 " + ( 118 ^ 15 ));
        System.out.println( "~118의 결과 값은 " + ( ~118 ));

        System.out.println( "~15의 결과 값은 " + ( ~15 ));
        }
}
```

실행 결과

```
명령 프롬프트

J:₩강의 관련₩자바 책 작업₩java source>javac ex317.java

J:₩강의 관련₩자바 책 작업₩java source>java ex317
118 & 15 의 결과 값은 6
118 | 15 의 결과 값은 127
118 ^ 15 의 결과 값은 121
~118의 결과 값은 -119
~15의 결과 값은 -16

J:₩강의 관련₩자바 책 작업₩java source>
```

실습하기 비트 연산자 예제 2 (ex317_1.java)

ex317_1.java

```
class ex317_1
{
    public static void main(String[] args)
    {
        byte a = 0x45;
        byte b = 0x16;

        int r1 = a & b;
        int r2 = a | b;
        int r3 = a ^ b;

        System.out.println(r1);
        System.out.println(r2);
        System.out.println(r3);

    }
}
```

실행 결과

```
C:₩WINDOWS₩system32₩cmd.exe

C:₩java₩03>javac ex317_1.java

C:₩java₩03>java ex317_1
4
87
83

C:₩java₩03>
```

(8) 쉬프트 연산자

쉬프트 연산자는 비트를 좌우로 이동시켜 다른 값을 표현하는 연산자입니다. 이 연산자도 비트 연산자와 같이 비트 단위로 연산을 수행하지만 서로 다른 피연산자에 대한 비교라기 보다 하나의 피연산자에 대한 처리입니다. 쉬프트 연산자는 다음과 같이 3가지가 있습니다.

쉬프트 연산자	이름	의미
<<	왼쪽 쉬프트	비트를 왼쪽으로 이동, 오른쪽는 0으로 채움
>>	오른쪽 쉬프트	비트를 오른쪽으로 이동, 최상위 비트 유지
>>>	오른쪽 쉬프트, 왼쪽 비트는 0	비트를 오른쪽으로 이동, 부호 비트 유지하지 않고 0으로 채움

기본적으로 쉬프트 연산은 32bit를 기본으로 사용합니다.

다음은 쉬프트 연산자를 이해하기 위한 간단한 설명입니다. a라는 정수형 변수를 선언하고 그 변수에 다음과 같은 비트가 들어 있다고 가정합니다.

변수 a

1	1	0	0	0	0	1	1

이 변수에 있는 비트들을 왼쪽으로 2만큼 쉬프트, 오른쪽으로 2만큼 쉬프트 해보면 다음과 같습니다.

a<<2

0	0	0	0	1	1	0	0

왼쪽 쉬프트의 경우는 부호 비트가 바뀔 수 있습니다. 여기서 말하는 부호 비트라는 것은 정수가 양수인지 음수인지를 알 수 있는 최상위 1비트를 말합니다. 최상위 비트가 1이면 음수가 0이면 양수가 되는 것입니다.

a>>2

1	1	1	1	0	0	0	0

오른쪽 쉬프트의 경우는 최상위 비트, 즉 부호 비트를 유지합니다. 그리고 부호 비트에 따라 음의 경우 1로 왼쪽의 공간이 채워지고 양의 경우 0으로 채워집니다. 앞의 설명에서는 부호 비트가 1이 었기 때문에 두 번째 비트도 1로 되어 있습니다.

>>> 연산자의 경우는 빈 공간이 무조건 0으로 채워지기 때문에 가지고 있는 부호를 잃고 무조건 양수가 됩니다.

a>>>2

0	0	1	1	0	0	0	0

다음은 쉬프트 연산에 대한 예제입니다.

실습하기 쉬프트 연산자 예제 (ex318.java)

ex318.java

```
public class ex318 {
    public static void main( String[] args ) {

    int shiftValue = 30;
    int shiftValue2 = -50;

    int rightShift1 = shiftValue >> 5;
    int rightShift2 = shiftValue2 >> 5;
    int rightShift3 = shiftValue2 >>> 5;

    int leftShift = shiftValue << 5;

    System.out.println( shiftValue + "를 오른쪽으로 이동한 결과값은 " + rightShift1 );
    System.out.println( shiftValue2 + "를 부호를 유지하며 오른쪽으로 이동한 결과값은 " + rightShift2 );
    System.out.println( shiftValue2 + "를 부호를 유지하지 않으며 오른쪽으로 이동한 결과값은 " + rightShift3 );
    System.out.println( shiftValue + "를 왼쪽으로 이동한 결과값은 " + leftShift );

    }
}
```

실행 결과

```
명령 프롬프트
J:₩강의 관련₩자바 책 작업₩java source>javac ex318.java

J:₩강의 관련₩자바 책 작업₩java source>java ex318
30를 오른쪽으로 이동한 결과값은 0
-50를 부호를 유지하며 오른쪽으로 이동한 결과값은 -2
-50를 부호를 유지하지 않으며 오른쪽으로 이동한 결과값은 134217726
30를 왼쪽으로 이동한 결과값은 960

J:₩강의 관련₩자바 책 작업₩java source>
```

(9) 형변환 연산자

형변환 연산자는 캐스트 연산자(cast operator)라고도 부릅니다. 형변환 연산자는 프로그래머가 명시적으로 데이터 형을 임의의 데이터 형으로 바꿀 때 사용합니다. 일반적으로 정수형 변수는 int, 실수형 변수는 float, 문자형 변수는 char, 논리형 변수는 boolean을 붙인다고 데이터 형에서 배웠습니다. 하지만 이렇게 변수형을 정해놓았을 때 연산이나 처리과정 중에 그 데이터 형이 변할 수 있습니다. 이렇게 변하는 데이터 형을 설정하여 줄 수 있는데 그것이 바로 형변환 연산자입니다.

형변환 연산자는 다음과 같은 형태를 가지고 있습니다.

(데이터 형)식

원래 자바에서는 데이터 형을 엄격하게 따지기 때문에 데이터 형이 다르면 에러가 날 수 있습니다. 하지만 데이터 형이 바뀐다고 무조건 에러가 나는 것은 아닙니다. 다시 말하자면 할당되는 값이 자동적으로 그 값을 기억할 변수의 데이터 형으로 변환되어 기억될 수 있습니다. 이렇게 자동으로 데이터 형이 변환되는 것을 묵시적 형변환(implicit data type conversion)이라고 합니다.

다음은 묵시적 형변환의 예제입니다.

실습하기 묵시적 형변환 예제 1 (ex319.java)

ex319.java

```java
public class ex319 {
    public static void main( String[] args ) {

        char charValue = 'a';
        System.out.println( "charValue = " + charValue );

        int intValueOfChar = charValue;
        System.out.println( "intValueOfChar = " + intValueOfChar );

        int intValue = 30;
        System.out.println( "intValue = " + intValue );

        float floatValue = intValue;
        System.out.println( "floatValue = " + floatValue );

        double doubleValue1 = floatValue;
        double doubleValue2 = intValue;
        System.out.println( "doubleValue1 = " + doubleValue1 );
        System.out.println( "doubleValue2 = " + doubleValue2 );
    }
}
```

실행 결과

```
명령 프롬프트

J:₩강의 관련₩자바 책 작업₩java source>javac ex319.java

J:₩강의 관련₩자바 책 작업₩java source>java ex319
charValue = a
intValueOfChar = 97
intValue = 30
floatValue = 30.0
doubleValue1 = 30.0
doubleValue2 = 30.0

J:₩강의 관련₩자바 책 작업₩java source>_
```

실습하기 묵시적 형변환 예제 2 (ex320.java)

ex320.java

```
public class ex320 {
    public static void main( String[] args ) {

        int intValue = 97;

        char charValue = intValue;
        System.out.println( "charValue = " + charValue );

        float floatValue = 3.14F;

        int intValue2 = floatValue;
        System.out.println( "intValue2 = " + intValue2 );

        double doubleValue = 21.12345;

        float floatValue2 = doubleValue;
        System.out.println( "floatValue3 = " + floatValue2 );
    }
}
```

실행 결과

```
명령 프롬프트

J:₩강의 관련₩자바 책 작업₩java source>javac ex320.java
ex320.java:6: possible loss of precision
found    : int
required: char
        char charValue = intValue;
                         ^
ex320.java:11: possible loss of precision
found    : float
required: int
        int intValue2 = floatValue;
                        ^
ex320.java:16: possible loss of precision
found    : double
required: float
        float floatValue2 = doubleValue;
                            ^
3 errors

J:₩강의 관련₩자바 책 작업₩java source>_
```

두 번째 예제를 보면 ex319와 비슷하게 코딩되었지만 컴파일하면 에러가 있는 것을 볼 수 있습니다. 그러니까 자동 형변환은 아무 때나 이루어지는 것이 아닙니다.

그러면 어떤 원칙에 의해 자동 형변환이 일어나는지 살펴보겠습니다. 일단 데이터 형을 여러 개 섞어서 사용할 경우 작은 크기의 값은 큰 크기의 값으로 자동으로 형변환됩니다. 데이터 형에서 보았듯이 각 데이터 형은 그에 걸맞는 메모리의 크기가 정해져 있습니다. 그 메모리의 크기가 커지면서 자동 형변환된다고 생각하면 됩니다. 그래서 byte, short, char는 int형으로 int는 long 형으로 long은 float 형으로 float 형은 double 형으로 각각 변환될 수 있습니다.

ex320 예제를 보면 에러가 총 3개가 있는 것을 볼 수 있습니다. 첫번째 에러는 8비트인 char 형에 32비트인 int형의 값을 할당해서 에러가 났고 두 번째 에러는 int 형의 변수에 float 형을 할당해서 에러가 났습니다. 이 경우 같은 32bit를 사용하지만 int 형보다는 float형이 더 정밀하기 때문에 에러가 납니다. 반대의 경우, 즉 int에서 float 형으로의 변화는 자동 형변환됩니다. 세 번째 에러는 32비트인 float형에 64비트인 double 형의 값을 할당하여 에러가 발생하였습니다.

이와 같이 자동 형변환만을 믿는 것은 안 좋은 방법입니다. 그래서 형변환 연산자를 사용하여 변환시킬 형의 지정자를 변환될 변수 앞쪽에 기술하는 방법을 이용합니다. 그것을 명시적 형변환(explicit data type conversion) 이라고 합니다.

다음은 명시적 형변환의 예제입니다.

실습하기 | 명시적 형변환 1 (ex321.java)

ex321.java

```
public class ex321 {
    public static void main( String[] args ) {

    int intValue = 97;

    char charValue = ( char )intValue;
    System.out.println( "charValue = " + charValue );

    float floatValue = 3.14F;

    int intValue2 = ( int )floatValue;
    System.out.println( "intValue2 = " + intValue2 );
```

```
    double doubleValue = 21.12345;

    float floatValue2 = ( float )doubleValue;
    System.out.println( "floatValue3 = " + floatValue2 );
    }
}
```

실행 결과

```
명령 프롬프트

J:₩강의 관련₩자바 책 작업₩java source>javac ex321.java

J:₩강의 관련₩자바 책 작업₩java source>java ex321
charValue = a
intValue2 = 3
floatValue3 = 21.12345

J:₩강의 관련₩자바 책 작업₩java source>_
```

실습하기 | 명시적 형변환 2 (ex321_1.java, ex321_2.java)

ex321_1.java

```
class ex321_1
{
    public static void main(String[] args)
    {
        int a1=2, a2;
        float f1=3.4F;
        float f2,f3;

        f2 = a1 + f1;
        f3 = a1 + (int)f1;
        a2 = a1 + f1;

        System.out.println("f2= " + f2);
        System.out.println("f3= " + f3);
        System.out.println("a2= " + a2);

    }
}

```

실행 결과

```
C:\WINDOWS\system32\cmd.exe

C:\java\03>javac ex321_1.java
ex321_1.java:11: possible loss of precision
found    : float
required: int
                a2 = a1 + f1;
                        ^
1 error

C:\java\03>_
```

이 예제에서 11번줄의 연산에서 정수와 실수의 합연산 후 정수형 변수에 저장하는 연산입니다. 이때 실수형 변수 f1에서 소수점 이하의 값의 손실이 일어나므로 에러를 나타내고 있습니다. 이를 형변환하여 다시 실행해 보겠습니다.

ex321_2.java

```
class ex321_2
{
    public static void main(String[] args)
    {
        int a1=2, a2;
        float f1=3.4F;
        float f2,f3;

        f2 = a1 + f1;
        f3 = a1 + (int)f1;
        a2 = a1 + (int)f1;

        System.out.println("f2= " + f2);
        System.out.println("f3= " + f3);
        System.out.println("a2= " + a2);

    }
}

```

실행 결과

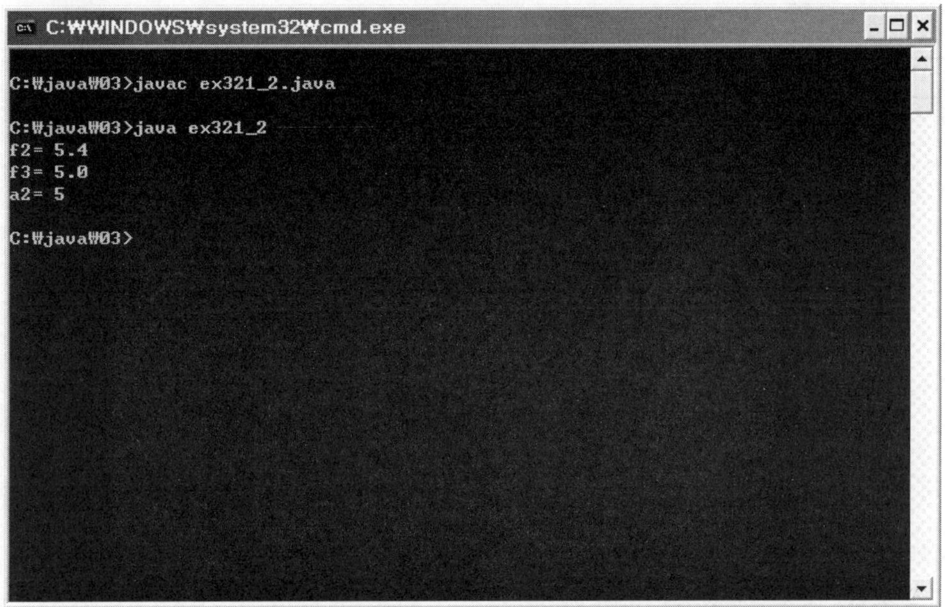

3.2 연산자의 우선순위

JAVA programming

연산자들은 각기 우선순위를 가지고 있습니다. 그래서 동시에 여러 개의 연산자들을 사용할 때 이 우선순위를 이용하여 연산이 이루어지게 됩니다. 또한 연산자들은 결합법칙(associative rule)에 따라 연산을 하게 되는데 결합법칙에는 좌측 결합, 우측 결합이 있습니다. 좌측 결합은 왼쪽에서 오른쪽으로 계산해 나가는 것이고 우측 결합은 오른쪽에서 왼쪽으로 계산하는 방법입니다.

다음은 연산자에 따른 우선순위에 대한 표입니다.

<table>
<tr><th>연산자</th><th>요소</th><th>우선 순위</th></tr>
<tr><td rowspan="14">증감연산자
|
산술연산자
|
관계연산자
|
논리연산자
|
당연산자</td><td>() [] ·</td><td rowspan="14">높음
|
|
|
|
|
|
|
|
낮음</td></tr>
<tr><td>! ~ ++ − a+ a-</td></tr>
<tr><td>* / %</td></tr>
<tr><td>+ -</td></tr>
<tr><td>〈〈〉〉〉〉〉</td></tr>
<tr><td>〈〈= 〉 〉=</td></tr>
<tr><td>== !=</td></tr>
<tr><td>&</td></tr>
<tr><td>^</td></tr>
<tr><td>|</td></tr>
<tr><td>&&</td></tr>
<tr><td>||</td></tr>
<tr><td>? :</td></tr>
<tr><td>= += −= *= /= %=</td></tr>
</table>

Chapter 03 >> 요점정리

- 자바에서 사용할 수 있는 연산자들은 다음과 같습니다.

  할당 연산자 (대입 연산자) : =

  산술 연산자 : +, -, *, /, %

  증감 연산자 : ++, --

  관계 연산자 (비교 연산자) : 〉, 〈, 〉=, 〈=, ==, !=

  논리 연산자 : &&, ||, !

  3항 연산자 (조건 연산자) : 관계식 ? 명령문1 : 명령문2

  비트 연산자 : &, |, ^, ~

  쉬프트 연산자 : 〈〈, 〉〉, 〉〉〉

  형변환 연산자 : (데이터 형) 변수

memo

Chapter 04
제 어 문

Chapter 04

제 어 문

프로그램의 실행 흐름을 제어하는 제어문에는 크게 세 가지 종류가 있습니다. 조건문(선택문), 반복문(순환문), 도약문이 바로 그것입니다. 선택문에는 if문, Switch 문이 있고 반복문에는 for문, while문, do~while 문 등이 있습니다. 도약문에는 break 문, continue 문, return 문 등이 있습니다.

4.1 조건문

JAVA programming

(1) if 문

if 문은 한 개의 조건만을 판단합니다. 조건식의 결과가 참이면 지정된 명령문을 수행하고 거짓이면 건너뛰는 명령을 수행합니다.

if문의 형식을 보면 다음과 같습니다.

```
if (조건식) {
수행문;
}
```

여기서 if 뒤쪽의 조건식은 결과값이 항상 boolean 형으로 나타납니다.

실습하기 | if 문 예제 (ex41.java)

ex41.java

```
public class ex41 {
    public static void main( String[] args ) {

        int age = 20;

        if( age < 20 )
            System.out.println( "자전거" );

        if( age >= 20 ) {
            System.out.println( "비행기" );
            System.out.println( "자동차" );
            System.out.println( "오토바이" );
        }

        if( true )
            System.out.println( "조건식이 true기 때문에 이 부분이 실행된다." );

            System.out.println( "Java Programming" );

    }
}
```

실행 결과

```
명령 프롬프트

C:\java>javac ex41.java

C:\java>java ex41
비행기
자동차
오토바이
조건식이 true기 때문에 이 부분이 실행된다.
Java Programming

C:\java>
```

(2) if ~ else 문

원래 if문은 한 개의 조건문에 따라 실행되지만 여기에 else를 붙이면 조건에 맞지 않는 경우에도 실행문을 수행하도록 할 수 있습니다. if문의 경우는 "만일 ~라면 ~를 해라, 그렇지 않다면 건너뛰어라" 라고 하는 식이지만 if ~ else를 쓰게 되면 "만일 ~라면 ~를 하고, 그렇지 않으면 ~를 해라" 라는 식으로 쓸 수 있습니다.

if 이후의 조건문이 참이면 if 문 안쪽의 문장들이 실행되고 조건에 맞지 않다면 else 문 안쪽의 문장들이 실행됩니다.

다음은 if ~ else 문에 대한 형식입니다.

```
if (조건문) {
    실행문1;
}
else {
    실행문2;
}
```

실습하기 if ~ else 예제 (ex42.java)

ex42.java

```
public class ex42 {
    public static void main( String[] args ) {

        int age = 20;

        if( age < 20 )
            System.out.println( "자전거" );
        else {
            System.out.println( "비행기" );
            System.out.println( "자동차" );
            System.out.println( "오토바이" );
        }

        if( false )
            System.out.println( "조건식이 true기 때문에 이 부분이 실행된다." );
        else
            System.out.println( "조건식이 false기 때문에 이 부분이 실행된다." );

            System.out.println( "Java Programming" );

    }
}
```

실행 결과

```
명령 프롬프트

C:\java>javac ex42.java

C:\java>java ex42
비행기
자동차
오토바이
조건식이 false기 때문에 이 부분이 실행된다.
Java Programming

C:\java>_
```

(3) if ~ else if 문

이번에는 if~else를 연속적으로 사용하여 여러 조건을 줄 수 있는 조건문을 보도록 하겠습니다. 일단 조건식은 if 문 다음에 붙습니다. 그래서 if~else if 문이라고 부릅니다. 주의해야 할 점은 여러 가지 조건식 중 하나의 조건식에 만족하면 if 문을 빠져나간다는 것입니다. 그리고 만일 조건식 값이 참인 조건이 없을 시에는 마지막에 있는 else 문 안쪽에 있는 실행문이 실행됩니다. 또 마지막 else 문이 없고 모든 조건에 맞지 않는다면 아무것도 실행되지 않습니다.

다음은 if~else if 문의 형식입니다.

```
if (조건식){
     실행문1;{
else if (조건식){
     실행문2;{
else if (조건식){
     실행문3;{
else            {
     실행문4;{
```

실습하기 if ~ else if 문 예제 (ex43.java)

ex43.java

```java
public class ex43 {
    public static void main( String[] args ) {

        int totalPoint = 99;
        char grade = ' ';

        if( totalPoint >= 90 ) {
            grade = 'A';
            System.out.println( "학점은 " + grade + " 입니다." );
        } else if( totalPoint >= 80 ) {
            grade = 'B';
            System.out.println( "학점은 " + grade + " 입니다." );
        } else if( totalPoint >= 70 ) {
            grade = 'C';
            System.out.println( "학점은 " + grade + " 입니다." );
        } else if( totalPoint >= 60 ) {
            grade = 'D';
            System.out.println( "학점은 " + grade + " 입니다." );
        } else {
            grade = 'F';
            System.out.println( "학점은 " + grade + " 입니다." );
        }

        System.out.println( "축하합니다! 학점은 " + grade + " 입니다." );
    }
}
```

실행 결과

```
C:₩java>javac ex43.java

C:₩java>java ex43
학점은 A 입니다.
축하합니다! 학점은 A 입니다.

C:₩java>_
```

(4) switch~case 문

switch문은 다중 분기를 지원하는 조건문입니다. 다중 분기라는 것은 여러 개의 조건을 따져 분기를 선택할 수 있다는 것입니다. 중첩된 if문을 연속으로 사용하면 같은 결과 값을 구할 수 있지만 switch문을 사용하는 것이 훨씬 효과적입니다.

다음은 switch문의 일반적인 형식입니다.

```
switch (수식) {
      case 상수 1 :
            수행문 1;
            break;
      case 상수 2 :
            수행문 2;
            break;
      …
      …
      default :
            수행문;
}
```

수식의 값은 case 뒤쪽에 있는 상수 리스트와 순차적으로 비교하여 일치하는 것이 발견되면 그 부분의 수행문을 실행합니다. 만일 마지막에 있는 case의 상수값까지도 일치하지 않다면 default에 있는 수행문을 실행시킵니다.

switch 문을 사용하기 위해서는 수식의 결과값이 char, byte, short, int의 데이터 형 중 하나이어야 합니다. 당연히 실수형으로 나오는 결과값을 갖는 수식이라면 수행되지 않습니다. 그래서 switch 문을 제어하는 수식은 하나의 변수인 경우가 많습니다.

다음은 switch~case문에서 사용하는 문법을 정리하였습니다.

① switch 뒤에 오는 괄호 안의 수식은 항상 정수형 변수나 문자형 변수이어야 합니다.
② case 뒤에는 :(콜론) 이 옵니다. - ;(세미콜론)이 아닙니다.
③ break; 문이 있으면 switch~case 블록을 벗어납니다.
④ default: 문은 앞쪽에 조건이 맞지 않은 경우 수행합니다.

실습하기 switch~case 문 예제 1 (ex44.java)

ex44.java

```
public class ex44 {
    public static void main( String[] args ) {

  int totalPoint = 90;
  char grade = ' ';

  switch( totalPoint ) {
      case 90:
          grade = 'A';
          System.out.println( "A 학점" );
          break;
      case 80:
    grade = 'B';
    System.out.println( "B 학점" );
    break;
      case 70:
    grade = 'C';
    System.out.println( "C 학점" );
    break;
      case 60:
    grade = 'D';
    System.out.println( "D 학점" );
    break;
      default:
    grade = 'F';
    System.out.println( "F 학점" );

        }

      System.out.println( "최종 학점은 " + grade + "입니다" );
  }
}
```

실행 결과

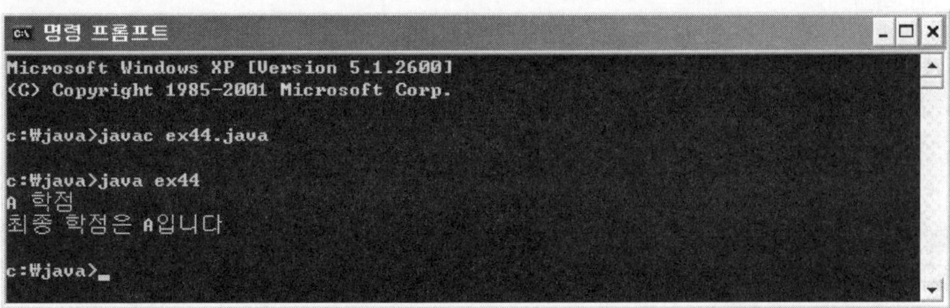

실습하기 switch~case 문 예제 2 (ex45.java)

ex45.java

```java
public class ex45 {
    public static void main( String[] args ) {

  int totalPoint = 92;
  char grade = ' ';

  switch( totalPoint ) {
      case 90:
          grade = 'A';
          System.out.println( "A 학점" );
          break;
      case 80:
    grade = 'B';
    System.out.println( "B 학점" );
    break;
      case 70:
    grade = 'C';
    System.out.println( "C 학점" );
    break;
      case 60:
    grade = 'D';
    System.out.println( "D 학점" );
    break;
      default:
    grade = 'F';
    System.out.println( "F 학점" );

        }

    System.out.println( "최종 학점은 " + grade + "입니다" );
  }
}
```

실행 결과

```
명령 프롬프트

c:\java>javac ex45.java

c:\java>java ex45
F 학점
최종 학점은 F입니다

c:\java>
```

실습하기 switch~case 문 예제 3 (ex46.java)

ex46.java

```
public class ex46 {
    public static void main( String[] args ) {

    int totalPoint = 92;
    char grade = ' ';

    int divideResult = totalPoint/10;

    switch( divideResult ) {
        case 10:
        case 9:
      grade = 'A';
      System.out.println( "A 학점" );
      break;
        case 8:
      grade = 'B';
      System.out.println( "B 학점" );
      break;
        case 7:
      grade = 'C';
      System.out.println( "C 학점" );
      break;
        case 6:
      grade = 'D';
      System.out.println( "D 학점" );
      break;
        default:
      grade = 'F';
      System.out.println( "F 학점" );
          }

    System.out.println( "최종 학점은 " + grade + "입니다" );
    }
}
```

실행 결과

```
명령 프롬프트

c:\java>javac ex46.java

c:\java>java ex46
A 학점
최종 학점은 A입니다

c:\java>_
```

앞의 세 가지 예제는 switch 문의 미묘한 차이를 설명하고 있습니다. 특히 실행 경우를 잘 살펴보면 분명히 점수는 92점이지만 A학점을 맞은 것이 아니고 F학점을 맞았습니다. ex45를 자세히 살펴보면 "case 90 :" 의 뜻은 변수 자체가 90점일 때에만 실행되도록 하고 있습니다. 그래서 91-99점까지는 이 조건에 맞지 않기 때문에 default: 아래에 있는 문장만 실행됩니다. 마찬가지로 case 80 이나 case 70, case 60 도 각각에 대해 80, 70, 60점만 처리하고 나머지 점수들은 전부 default: 의 수행문만 수행합니다.

다음 예제는 분기 조건 변수가 문자인 경우입니다.

실습하기 switch~case 문 예제 4 (ex46_1.java)

ex46_1.java

```
class ex46_1
{
    public static void main(String[] args)
    {
     char charValue='b';
     switch(charValue)
     {
      case 'a':
      System.out.println("a 인데요");
        break;

      case 'b':
        System.out.println("b 인데요");
        break;

      case 'c':
        System.out.println("c 인데요");
        break;

      case 'd':
        System.out.println("d 인데요");
        break;

      default:
        System.out.println("해당없습니다.");
        break;
     }

    }
}
```

실행 결과

4.2 반복문

JAVA programming

자바에서는 반복할 수 있는 명령문을 총 3가지 가지고 있습니다. do~while, while, for 문이 바로 그것인데 이 반복문도 조건문과 마찬가지로 많이 사용하는 구문 중 하나입니다. 반복문의 공통되는 성질은 반복의 조건과 반복횟수에 있습니다. 그러니까 반복횟수 또는 조건을 만족하는 경우 반복하다가 조건을 만족하지 않게 되는 경우 빠져 나오는 것을 반복문이라고 합니다.

(1) do ~ while 문

do~while문은 루프 끝에서 조건을 검사하는 특징을 가진 반복문입니다. 루프의 맨 끝에서 반복문을 빠져나갈지 반복해야 할지를 정하기 때문에 처음 한번은 무조건 do구문 안쪽의 수행문을 실행해야 합니다. 다시 말하면 루프 내의 문장을 최소한 한 번 이상 실행된다는 것을 의미하고 있습니다.

다음은 do_while문의 일반적인 형식입니다.

```
do {
        수행문;
} while (조건)
```

하나의 수행문만 있을 때에는 중괄호({,})가 생략될 수도 있습니다. 하지만 가독성을 높이기 위해 중괄호를 사용하는 것이 일반적입니다. 나중에 배우게 될 while문과의 혼동을 피하기 위한 목적으로도 사용합니다.

do~while문은 while 뒤에 있는 괄호 안의 조건이 참인 동안은 계속해서 반복합니다. 만일 조건이 거짓이 된다면 그때부터 do~while 블록을 건너뛰고 그 다음 수행문을 수행합니다.

실습하기 do ~ while문 예제 1 (ex47.java)

ex47.java

```
public class ex47 {
    public static void main( String[] args ) {

      String stringValue = "Java Programming";

      int count = 0;

      do {
          System.out.println( stringValue );
          count = count + 1;
      } while( count < 10 );

      System.out.println( "Count = " + count );
    }
}
```

실행 결과

```
명령 프롬프트

c:\java>javac ex47.java

c:\java>java ex47
Java Programming
Java Programming
Java Programming
Java Programming
Java Programming
Java Programming
Java Programming
Java Programming
Java Programming
Java Programming
Count = 10

c:\java>
```

ex47 예제는 count 변수의 값을 0에서 9까지 1씩 증가하면서 중괄호 내의 명령문들을 10번 반복실행하는 예제입니다. 처음 한번은 자동으로 실행되고 count 변수가 10이 되면 do~while 문을 빠져나옵니다.

ex48 예제는 앞에서 배운 조건문, if~else와 do~while 반복문을 함께 사용하는 예제이며, 10부터 1까지의 정수 중 짝수의 합과 홀수의 합을 구하는 예제입니다.

실습하기 | do ~ while문 예제 2 (ex48.java)

ex48.java

```
public class ex48 {
    public static void main( String[] args ) {

      int startValue = 10;

      int oddSum = 0;
      int evenSum = 0;

      do {

         if(( startValue % 2 ) == 0 ) {
            evenSum += startValue;
            System.out.println( "Even : " + startValue );

         } else {
            oddSum += startValue;
```

```
            System.out.println( "Odd : " + startValue );
        }

    --startValue;
    } while( startValue > 0 );

    System.out.println( "짝수 합은 " + evenSum );
    System.out.println( "홀수 합은 " + oddSum );
  }
}
```

실행 결과

ex48 예제에서 startValue라는 정수형 변수는 처음 10으로 초기화 되었습니다. do의 중괄호 안을 살펴보시면 --startValue; 라는 문장이 있고 그 문장을 통해서 하나씩 줄어가고 있습니다. 마지막에 startValue>0 조건식에 맞추어 startValue 값이 0이 되면 더 이상 반복하지 않고 출력문이 실행됩니다.

(2) while문

while 문의 일반적인 형식은 다음과 같습니다.

```
while (조건)
{
수행문;
}
```

수행문은 단일문이거나 다중문일 수 있습니다. 블록이라면 당연히 중괄호를 붙입니다. 괄호 안에 있는 조건은 반복을 제어하고 boolean 형의 값을 가지고 있습니다. 반복은 조건이 참인 동안 계속하여 반복되고 조건이 거짓이 되면 즉시 while문을 빠져나가는 동작을 합니다.

실습하기 while문 예제 1 (ex49.java)

ex49.java

```java
public class ex49 {
    public static void main( String[] args ) {

      String stringValue = "Java Programming";

      int count = 0;

      while ( count < 10 ) {
          System.out.println( stringValue );
          count = count + 1;
      }

      System.out.println( "Count = " + count );
    }
}
```

실행 결과

```
명령 프롬프트

c:\java>javac ex49.java

c:\java>java ex49
Java Programming
Java Programming
Java Programming
Java Programming
Java Programming
Java Programming
Java Programming
Java Programming
Java Programming
Java Programming
Count = 10

c:\java>_
```

ex49에서 count 값은 0에서 9까지 1씩 증가하면서 { } 블록 내의 명령문이 10번 반복실행됩니다. count 값이 10이 되면 while 문을 벗어나고 그 아래쪽의 출력문을 실행합니다.

실습하기 while문 예제 2 (ex410.java)

ex410.java

```
public class ex410 {
    public static void main( String[] args ) {

      int startValue = 10;

      int oddSum = 0;
      int evenSum = 0;

      while( startValue > 0 ) {

          if(( startValue % 2 ) == 0 ) {
            evenSum += startValue;
            System.out.println( "Even : " + startValue );
          } else {
            oddSum += startValue;
            System.out.println( "Odd : " + startValue );
          }
          --startValue;
      }

      System.out.println( "짝수 합은 " + evenSum );
      System.out.println( "홀수 합은 " + oddSum );
    }
}
```

실행 결과

```
명령 프롬프트

c:\java>javac ex410.java

c:\java>java ex410
Even : 10
Odd : 9
Even : 8
Odd : 7
Even : 6
Odd : 5
Even : 4
Odd : 3
Even : 2
Odd : 1
짝수 합은 30
홀수 합은 25

c:\java>
```

ex410 예제는 ex48 예제에 대한 while 문 버전입니다. startValue 변수는 10으로 초기화 되고 반복문에서 하나씩 감소하여 0이 되면 반복을 멈추고 다음 문장을 실행합니다. 반복문 안쪽에서는 짝수와 홀수를 나누는 조건문이 있고 각각에 대해 evenSum, oddSum 변수에 합계를 계산합니다.

(3) for 문

지금까지 공부한 do ~ while 문이나 while 문 등의 반복문도 많이 쓰이지만 그것들보다 더 많이 사용하는 반복문이 for 문입니다. 프로그래밍 언어의 역사를 따져 봤을 때에도 for 문은 반복문 중 가장 먼저 등장하였고 가장 많이 쓰입니다.

다음은 for 문의 일반형식입니다.

```
for ( 초기식 이나 초기값 ; 조건식 ; 증감식 ) {
    반복될 명령문 또는 수행문;
}
```

for 문의 경우 괄호 안에서 반복에 필요한 모든 조치를 취하고 있습니다.

다음 예제는 for 문을 사용하여 "Java Programming" 문장을 반복적으로 출력하는 예제입니다.

실습하기 for 문 예제 1 (ex411.java)

ex411.java

```
public class ex411 {
    public static void main( String[] args ) {

      String stringValue = "Java Programming";

      int count;

      for ( count = 0; count < 10; ++count ) {
          System.out.println( stringValue );
      }

      System.out.println( "Count = " + count );

    }
}
```

실행 결과

```
명령 프롬프트

c:\java>javac ex411.java

c:\java>java ex411
Java Programming
Java Programming
Java Programming
Java Programming
Java Programming
Java Programming
Java Programming
Java Programming
Java Programming
Java Programming
Count = 10

c:\java>_
```

다음 예제는 for 문을 이용하여 짝수와 홀수의 합을 구하는 예제입니다. 앞서 우리가 공부했던 do ~ while 문이나 while 문으로 만든 프로그램과 비교하여 보기 바랍니다.

실습하기 for 문 예제 2 (ex412.java)

ex412.java

```java
public class ex412 {
    public static void main( String[] args ) {

      int startValue;

      int oddSum = 0;
      int evenSum = 0;

      for ( startValue = 10; startValue > 0; --startValue ) {

        if(( startValue % 2 ) == 0 ) {
          evenSum += startValue;
          System.out.println( "Even : " + startValue );
        } else {
          oddSum += startValue;
          System.out.println( "Odd : " + startValue );
        }
      }

      System.out.println( "짝수 합은 " + evenSum );
      System.out.println( "홀수 합은 " + oddSum );

  }
}
```

실행 결과

```
명령 프롬프트

c:\java>javac ex412.java

c:\java>java ex412
Even : 10
Odd : 9
Even : 8
Odd : 7
Even : 6
Odd : 5
Even : 4
Odd : 3
Even : 2
Odd : 1
짝수 합은 30
홀수 합은 25

c:\java>
```

다음 예제는 1부터 100까지의 값 중 3의 배수인 동시에 4의 배수인 수만을 출력하는 예제이다. 이를 위해 그동안 다룬 반복문과 조건문, 논리 연산자, 산술 연산자 등을 이용할 필요가 있다.

실습하기 for 문 예제 3 (ex412_1.java)

ex412_1.java

```
class ex412_1
{
    public static void main(String[] args)
    {
      int i;
      for( i=1 ; i<=100 ; i++)
      {
          if ( (i%3==0) && (i%4==0) )
          {
              System.out.println(i + "\t");
          }
      }
    }
}
```

실행 결과

```
C:\WINDOWS\system32\cmd.exe

C:\java\04>javac ex412_1.java

C:\java\04>java ex412_1
12
24
36
48
60
72
84
96

C:\java\04>
```

4.3 도약문

(1) continue문, break문

반복문들은 조건식이 만족할 때까지 계속해서 반복적으로 실행합니다. 하지만 이렇게 반복되는 중간에 프로그램의 상황에 따라 반복을 멈추고 반복문을 빠져나갈수 있습니다.

그것이 바로 continue문과 break문입니다. 물론 continue문은 반복을 계속하는 키워드이고 break문은 반복을 멈추고 빠져나가는 명령문입니다.

다음 예제는 continue문을 사용하여 반복을 계속 진행하는 예제입니다.

실습하기 continue문 예제 (ex413.java)

ex413.java

```
public class ex413 {
    public static void main ( String[] args ) {

        int count;

        for ( count = 0; count < 10; count++ ) {

            if ( count == 3 ) {
                System.out.println("count 값이 3입니다.");
                continue;
            }

            System.out.println( "count = " + count );
        }
    }
}
```

실행 결과

다음 예제는 break 문을 사용한 예제입니다.

실습하기 | break문 예제 (ex414.java)

ex414.java

```
public class ex414 {
    public static void main ( String[] args ) {

        int count;

        for ( count = 0; count < 10; count++ ) {

            if ( count == 3 ) {
                System.out.println("count 값이 3입니다.");
                break;
            }

            System.out.println( "count = " + count );
        }
    }
}
```

실행 결과

```
명령 프롬프트

c:₩java>javac ex414.java

c:₩java>java ex414
count = 0
count = 1
count = 2
count 값이 3입니다.

c:₩java>_
```

(2) 배열 (array)

배열은 여러 개의 변수가 연속적으로 이어진 형태의 메모리 할당방법입니다. 아파트에 사람들이 줄 맞추어 사는 것처럼 변수들도 연속적으로 할당할 수 있습니다. 아파트의 동, 호수처럼 배열도 마찬가지로 변수마다 각각에 따른 번호들이 붙어 있습니다.

이렇게 배열을 사용하는 이유는 같은 배열명을 쓸 수 있다는 장점 때문에 그렇습니다. 특히 연관되어 있는 데이터 형의 경우 더욱 쓸모가 있습니다.

다음 예제를 보면서 배열의 필요성을 한 번 살펴보겠습니다.

실습하기 배열 예제 1 (ex415.java)

ex415.java

```
public class ex415 {
    public static void main( String[] args ) {

      int kor = 90;
      int math = 80;
      int eng = 60;
      int phy = 70;
      int che = 93;
      int his = 100;
      int bio = 50;
      int geo = 66;

      int total = kor + math + eng + phy + che + his + bio + geo;
      System.out.println( "총점 = " + total );
    }
}
```

실행 결과

```
명령 프롬프트

C:₩java>javac ex415.java

C:₩java>java ex415
총점 = 609

C:₩java>
```

앞의 예제는 배열을 사용하지 않고 각각의 변수들을 선언하고 출력하는 프로그램입니다. 변수가 많으면 많을수록 당연히 선언과 초기화도 길어집니다. 그렇다면 이젠 배열을 사용하기 위한 방법을 살펴보겠습니다.

데이터 형[ ] 배열명 = {데이터, 데이터, … , 데이터};

데이터 형 배열명[ ] = {데이터, 데이터, … , 데이터};

이렇게 배열을 선언하면 같은 데이터 형의 변수들이 줄지어 생겨납니다. 배열 안에 있는 변수들을 원소라고 부르고 원소의 갯수는 [ ] 안에 넣습니다. 이 숫자를 인덱스(index)라고 합니다. 각 원소들을 구분하는 것이 바로 이 인덱스입니다.

만일 int[ ] subj = {1, 2, 3, 4, 5}; 라고 선언하면

subj[0], subj[1], subj[2], subj[3], subj[4]

1	2	3	4	5

이런 식으로 데이터가 초기화 합니다. 다시 정리하면 배열은 같은 데이터 형의 변수를 여러 개 만드는 방법이며 각각의 원소 이름은 "배열명[숫자]"의 형태로 읽을 수 있습니다. 또 하나 주의해야 할 것은 인덱스가 "0"부터 시작한다는 것입니다.

다음은 배열에 대한 예제입니다.

실습하기 배열 예제 2 (ex416.java)

ex416.java

```java
public class ex416 {
    public static void main( String[] args ) {

        int[] subject = { 90, 80, 60, 70, 93, 100, 50, 66 };
        int total = 0;

        int arrayLength = subject.length;

        for( int i = 0; i < arrayLength ; i++ ) {
            total += subject[i];
          }

        System.out.println( "총점 = " + total );
    }
}
```

실행 결과

```
명령 프롬프트

C:₩java>javac ex416.java

C:₩java>java ex416
총점 = 609

C:₩java>
```

"subj.length" 와 같이 "배열명.length" 라고 붙이면 그 배열의 원소의 갯수를 구할 수 있습니다. 이것은 객체를 사용하는 방법인데 다음 장에서 자세히 나오게 될 것입니다.

우리는 지금까지 정수형 배열에 대해서만 살펴 보았습니다. 배열은 데이터 형에 따라서 실수형 배열도 가능하고 문자형 배열도 가능합니다.

다음에서 문자형 배열을 한 번 공부해 보도록 하겠습니다. 다음 예제는 문자형 배열에 관한 예제입니다.

실습하기 문자형 배열 예제 (ex417.java)

ex417.java

```
public class ex417 {
    public static void main( String[] args ) {

        char[] charArray1 = { 'j', 'a', 'v', 'a' };
        char charArray2[] = { 'p', 'r', 'o', 'g', 'r', 'a', 'm' };

        System.out.print( "charArray1's value = " );

        for( int i = 0; i < charArray1.length ; i++ ) {
          System.out.print( charArray1[i] + " " );
        }

        System.out.println();

        System.out.print( "charArray2's value = " );

        for( int i = 0; i < charArray2.length ; i++ ) {
          System.out.print( charArray2[i] + " " );
        }

    }
}
```

실행 결과

```
명령 프롬프트

C:\java>javac ex417.java

C:\java>java ex417
charArray1's value = j a v a
charArray2's value = p r o g r a m
C:\java>
```

지금까지 우리는 배열에 대해서 살펴보았습니다. 하지만 한 가지 더 알아야 할 것이 있습니다. 우리가 공부했던 배열은 모두 1차원 배열입니다. 앞에서 아파트에 비유했듯이 1층짜리 아파트가 있다면 2층짜리 3층짜리 아파트도 있겠죠?? 마찬가지로 배열도 1차원 배열, 2차원 배열, 다차원 배열이 있습니다. 다차원 배열은 잘 사용하지 않지만 2차원 배열까지는 많이 사용합니다.

실습하기 다차원 배열 예제 (ex418.java)

ex418.java

```
class ex418
{
    public static void main(String[] args)
    {
     int arr[ ][ ];
    arr = new int[3][3];

    for(int i = 0; i < arr.length; i++)
      for(int j = 0; j < arr[i].length; j++)
        arr[i][j] = i * 10 + j ;

    for(int i = 0; i < arr.length; i++)
      for(int j = 0; j < arr[i].length; j++)
        System.out.println("arr[" + i + "][" + j + "] = " + arr[i][j]);


    }
}
```

실행 결과

```
C:₩WINDOWS₩system32₩cmd.exe

C:₩java₩04>javac ex418.java

C:₩java₩04>java ex418
arr[0][0] = 0
arr[0][1] = 1
arr[0][2] = 2
arr[1][0] = 10
arr[1][1] = 11
arr[1][2] = 12
arr[2][0] = 20
arr[2][1] = 21
arr[2][2] = 22

C:₩java₩04>
```

Chapter 04 >> 요점정리

- 제어문에는 조건문(선택문), 반복문(순환문), 도약문이 있습니다.
- 조건문은 if문, if ~ else문, if ~ else if문, switch~case문이 있습니다.
- 반복문에는 while문, do ~ while문, for문이 있습니다.
- for 문은 일반적으로 반복횟수가 정해서 있을 때 사용하는 제어문입니다.
- 배열은 여러 개의 변수가 필요할 때 사용합니다.
- 배열을 구성하는 각 변수들을 원소라고 부르고 각 원소들은 숫자로 되어 있는 인덱스로 구분합니다.
- 배열의 인덱스는 0부터 시작하고 다음과 같이 선언합니다.

  데이터 형[ ] 배열명;

  데이터 형 배열명[ ];

Chapter 05
객 체

Chapter 05

객 체

객체는 일종의 프로그래밍 기술이 발전되면서 나온 효율적인 개발 방식입니다. 자바나 C++ 등과 같은 고급 언어에서는 객체를 위주로 프로그래밍하게 되는데 그러한 기술을 "객체지향 프로그래밍(Object Oriented Programming : OOP)"이라고 합니다.

이러한 객체지향이라는 개념을 이해하기 위해서는 기존의 절차지향 프로그래밍을 이해할 필요가 있습니다.

▶ 절차지향 프로그래밍 vs 객체지향 프로그래밍

만일 프로그램의 길이가 매우 길다면 그 내용들은 전부 main() 안에서 기술될 것입니다. 그럴 때에는 소스 내용 중 어느 하나의 라인을 찾으려 한다면 매우 어려울 것입니다. 또한 에러도 많이 발생할 것이고 다른 사람이 그 소스를 해석하는 데에도 시간이 많이 걸립니다.

이러한 불합리성을 없애기 위해 소스 코드를 블록별로 나누어 블록에 이름을 붙인 것이 함수입니다. 또한 이러한 블록을 나누면 각 블록에 대해 프로그래머들이 소스를 작성할 수 있으므로 개발 시간이나 효율성이 좋아지게 됩니다.

그리고 긴 소스일수록 각 블록에 대한 중복이 많이 일어나게 되는데 그러한 중복을 함수로 작성해 놓고 필요한 부분에서 단지 불러서 쓰기만 할 수 있도록 만들어 놓았습니다.

그러나 이러한 프로그램은 대량의 데이터를 순차적으로 처리하는 경우에는 효율적일 수 있습니다.

예를 들어 세금계산을 프로그램으로 구현한다고 가정했을 때 "전기, 수도, 가스" 요금을 계산할 수 있는 3개의 함수로 구현하여서 프로그램을 했다고 가정하겠습니다. 프로그램의 형태는 아마도 각각의 사용량을 입력받아 함수에 사용량을 매개변수로 전달하여 각 요금계산 함수에서 계산한 결과를 출력하게 될 것입니다. 이 상태에서 "전화" 요금을 계산할 수 있는 루틴도 포함시키고자 한다면 변수추가, 연산변경 등 전체적인 프로그램의 구조가 경우에 따라서는 변경되는 경우가 있을 것입니다.

반면에 객체지향 프로그래밍의 경우 객체는 데이터와 함수가 함께 묶이는 구조이므로 세금계산을 할 수 있는 tax_calc()라는 함수를 포함하는 객체에 각각의 특성에 맞게 객체가 구현된다면 훨씬 더 효율적인 프로그램이 가능할 것입니다. 그러므로 객체지향 프로그래밍에서 가장 중요한 요소 중 하나는 객체를 잘 정의하는 것이라 할 수 있습니다.

결국 프로그램을 작성하는 기술이 발전하면서 소스 코드의 블록화와 소스 코드의 공유를 이룰 수 있게 만든 것이 바로 객체입니다.

5.1 클래스

JAVA programming

"클래스(class)"는 단어상 종류, 분류의 의미를 가지고 있습니다. 자바에서의 클래스는 객체를 만들기 위한 일종의 틀이라고 생각하면 됩니다. 다시 말하면 클래스라는 형식을 통해 객체를 생성할 수 있습니다. 물론 자바에서도 "class"라는 키워드를 사용하여 소스 코드를 의미 있는 단위로 묶어서 객체를 생성합니다. 그래서 소스 코드를 어떻게 묶어 사용하느냐에 따라 프로그램 디자인의 어려움이 생기게 됩니다.

모든 자바 프로그램은 클래스로 시작해서 클래스로 끝납니다. 지금까지 우리가 작성했던 소스들을 보더라도 클래스의 이름을 설정하는 것으로부터 시작됩니다.

클래스는 멤버 변수와 멤버 함수(메소드)로 구성됩니다. 간단히 말하면 클래스 내에서 선언되어지는 변수를 멤버 변수(member variable)라고 하고 실행될 명령문의 블록을 메소드(method)라고 부릅니다. 자바에서는 아주 간단한 프로그램이라 할지라도 객체의 형태로 구성되어 있습니다. 그렇기 때문에 프로그램 안에 있는 변수와 함수는 멤버 변수이고 멤버 함수, 즉 메소드가 되는 것입니다.

5.2 패키지

JAVA programming

우리가 처음 자바를 설치할 때 자바 컴파일러와 JVM과 또 하나 중요한 패키지(package)를 설치하였습니다. 패키지는 클래스들을 종류별로 묶어서 만들어 놓은 것으로 패키지 내에서 상위 클래스와 하위 클래스로 나누어지게 됩니다. 그래서 우리가 자바에서 제공하는 클래스를 불러올 때 상위 클래스와 하위 클래스를 '.'으로 분류하여 사용하게 되는 것입니다.

자바에서의 패키지는 자바에서 제공하는 클래스를 모아서 만든 자바 자체의 패키지와 프로그래머가 개인적으로 만든 사용자 패키지가 있습니다.

다음은 자바 자체의 패키지입니다.

jdk설치디렉토리₩jre₩lib₩rt.jar을 열어보면 패키지를 볼 수 있습니다.

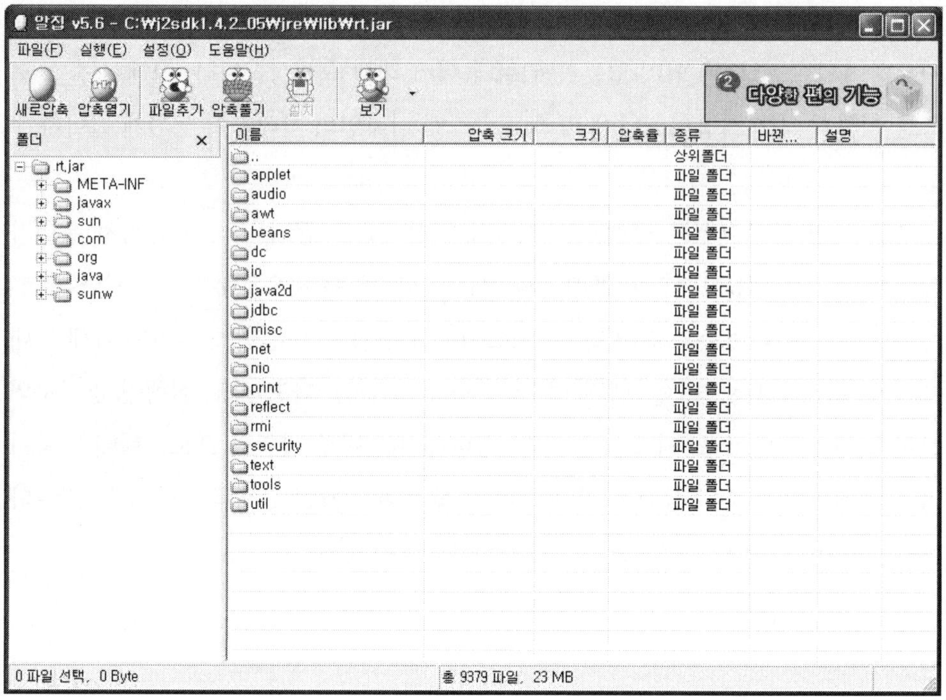

자바가 제공하는 클래스들은 패키지 단위로 나뉘어져 있다는 것을 배웠습니다. 이번에는 우리가 직접 만든 클래스들을 별도의 패키지에 넣고 사용하는 방법을 실습해 보겠습니다. 다음 예제는 기존에 사용했던 클래스 이용의 예제입니다.

실습하기 | 클래스문 (ex51.java)

ex51.java

```
public class ex51 {
    public void printHello() {
      System.out.println( "Hello, world" );
    }
}
```

실습하기 | 실행문 (ex52.java)

ex52.java

```
public class ex52 {
    public static void main( String[] args ) {
      ex51 hw = new ex51();
      hw.printHello();
    }
}
```

실행 결과

컴파일 후 폴더 안에 있는 class 파일

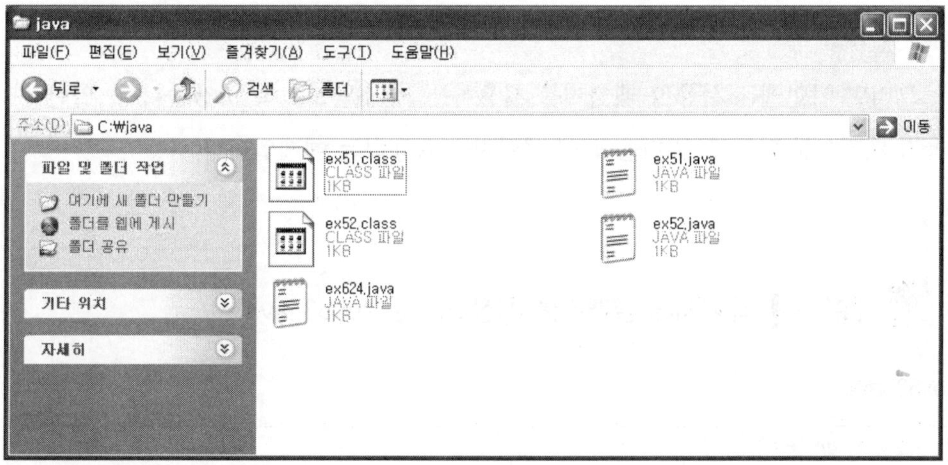

ex51은 하나의 메소드가 선언되어 있습니다. 당연히 이 파일만을 가지고는 실행할 수 없는 클래스입니다. ex52는 ex51에서 선언된 메소드를 불러서 실행하는 클래스입니다. 결과를 보면 ex51을 컴파일하여 클래스 파일을 만들고 ex52를 컴파일하는 명령어가 나옵니다. "javac -classpath . ex52.java"란 명령어 중에서 "."의 역할은 현재 디렉토리에 ex51.class라는 파일이 있다는 것을 표현합니다. 그래서 ex52 예제는 에러 없이 잘 실행됩니다.

패키지 내의 클래스를 사용하려면 import 라는 키워드를 사용합니다.

형식 : import class이름

만일 "import java.lang.*" 라고 기술하면 java.lang 패키지 내의 모든 클래스를 사용하겠다는 의미입니다. 예를 들면 우리가 계속해서 써 왔던 "System.out.println()"은 바로 그 패키지 내에 있습니다. 굳이 해석하자면 system 클래스 내에 있는 out 객체의 println() 이라는 메소드를 사용하겠다는 것이지요.

하지만 우리가 "System.out.println()" 명령문을 쓰면서 import를 쓴 적이 없는데 그 이유는 java.lang 패키지의 경우 기본(default) 패키지이기 때문에 그렇습니다. 이러한 기본 패키지는 컴파일 과정에서 자동으로 import 되기 때문에 안 써줘도 됩니다.

그러면 이번에는 사용자 패키지를 사용하는 예제를 보도록 하겠습니다. 일단 사용자 패키지를 만들고 그 다음에 이 패키지를 활용하는 예제입니다.

실습하기 | 패키지에 클래스를 저장하는 문 (ex53.java)

ex53.java

```
package ex;

public class ex53 {
    public void printHello() {
      System.out.println( "Hello, World" );
    }
}
```

실행 결과

명령 프롬프트
C:₩java>javac -d . ex53.java
C:₩java>

디렉토리 확인

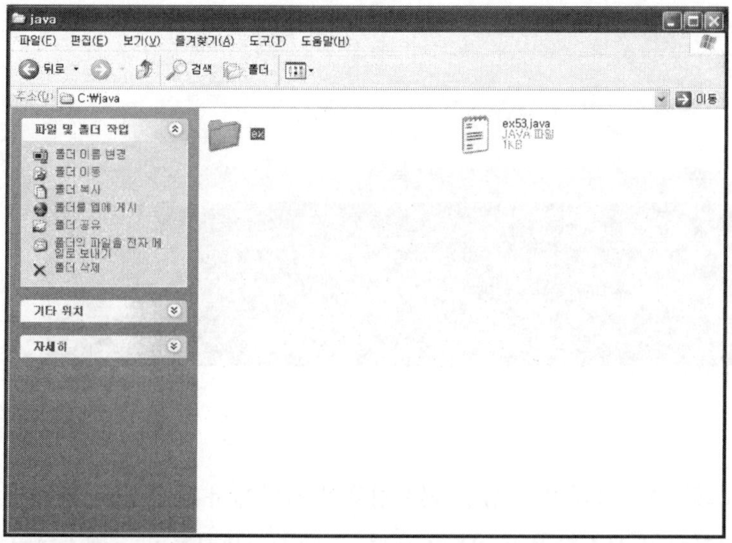
java
파일(F) 편집(E) 보기(V) 즐겨찾기(A) 도구(T) 도움말(H)
뒤로
검색
폴더
주소(D) C:₩java
이동
파일 및 폴더 작업
폴더 이름 변경
폴더 이동
폴더 복사
폴더를 웹에 게시
폴더 공유
폴더의 파일을 전자 메일로 보내기
폴더 삭제
기타 위치
자세히
ex
ex53.java
JAVA 파일
1KB

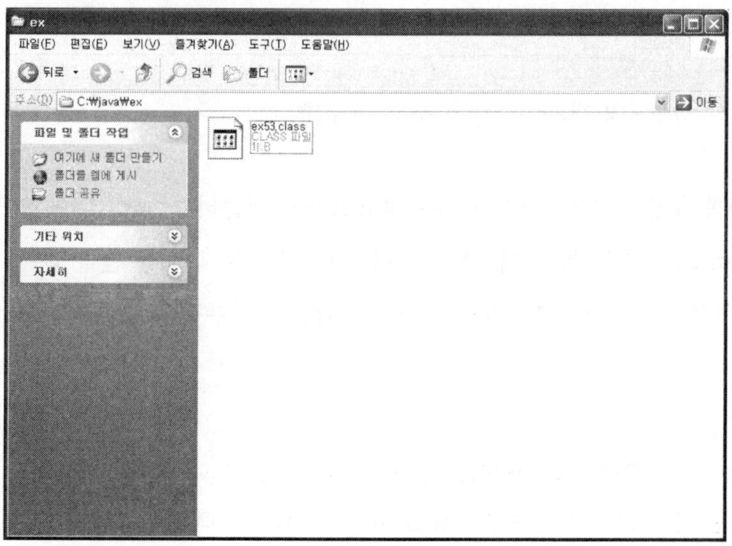
ex
파일(F) 편집(E) 보기(V) 즐겨찾기(A) 도구(T) 도움말(H)
뒤로
검색
폴더
주소(D) C:₩java₩ex
이동
파일 및 폴더 작업
여기에 새 폴더 만들기
폴더를 웹에 게시
폴더 공유
기타 위치
자세히
ex53.class
CLASS 파일
1KB

실습하기 패키지에 클래스를 불러오는 문 (ex54.java)

ex54.java

```
import ex.ex53;

public class ex54 {
    public static void main( String[] args ) {
      ex53 phw = new ex53();
      phw.printHello();
    }
}
```

실행 결과

```
명령 프롬프트

C:₩java>javac -classpath . ex54.java

C:₩java>java ex54
Hello, World

C:₩java>
```

메소드는 일반적으로 프로그래머가 생성하는 경우와 자바에서 제공하는 경우가 있습니다. 그런데 지금까지 실습하면서 자동적으로 사용되는 생성자라는 메소드가 있습니다. 객체를 만들 때 우리는 지금까지 이런 식으로 사용하였습니다.

class명 객체변수명 = new class명();

앞쪽에서 이름 뒤쪽에 괄호가 나오면 그것은 메소드라고 했습니다. new 뒤에 있는 것은 생성자(constructor)라는 특수 메소드입니다. 이 메소드는 객체를 만들 때 무조건 자동으로 실행되는 메소드입니다. "new" 라는 키워드는 내부적으로 이러한 일을 하게 됩니다.

※ 하드디스크에 .class 형식으로 컴파일되어 있는 해당 클래스를 가져와 메모리에 올려놓고 클래스 내에 있는 멤버 변수와 멤버 함수를 초기화 합니다. 그 다음에 객체에 대해 이름을 할당하는 역할을 합니다. 그래서 이러한 객체 이름을 레퍼런스 변수(reference variable)라고 합니다. 하나의 객체를 가리키고 있는 주소값을 가진 변수입니다. 다르게 말하자면 객체변수라고도 합니다.

만일 클래스명과 클래스 내의 메소드명이 똑같다면 어떻게 될까요? 위의 방식으로 객체가 생성되면서 클래스에 선언되어 있는 클래스명의 메소드가 제일 먼저 실행되기 때문에 자동으로 같은 클래스명으로 된 메소드가 생성되는 것이다.

다시 말하자면 클래스를 선언할 때 그 클래스명과 동일한 이름을 가진 메소드를 선언하게 된다는 것입니다. 그러면 그 메소드가 생성자로 지정된 것이고 이제 그 클래스의 객체를 생성합니다. 그러면 그 클래스 내의 메소드 중에서 제일 먼저 생성자 메소드가 실행됩니다. 반대로 우리가 제일 먼저 실행시키고 싶은 내용이 있다면 그것을 생성자 메소드에 기술하면 됩니다.

또한 메소드 중에는 메소드 이름이 똑같은 오버로딩(overloading)이라는 방법이 있습니다. 메소드 오버로딩(method overloading)이란 메소드의 이름이 겹친다는 뜻으로 사용됩니다.

다음 예제는 메소드 오버로딩에 대한 예제입니다.

실습하기 메소드 오버로딩 클래스 예제 1 (ex55.java)

ex55.java

```
public class ex55 {

    public void addition( int a, int b ) {
      int hap = a + b;
      System.out.println( hap );
    }

    public void addition( float a, float b ) {
      float hap = a + b;
      System.out.println( hap );
    }

    public void addition( double a, double b ) {
      double hap = a + b;
      System.out.println( hap );
    }

    public void addition( String a, String b ) {
      String hap = a + b;
      System.out.println( hap );
    }
}
```

실습하기 | 실행문 예제 1 (ex56.java)

ex56.java

```
public class ex56 {

    public static void main( String[] args ) {

      ex55 ot = new ex55();

      ot.addition( 3, 4 );
      ot.addition( 3.0F, 4.0F );
      ot.addition( 3.14, 3.14 );
      ot.addition( "gemini", "johnharu" );
    }
}
```

실행 결과

```
명령 프롬프트

C:\java>javac ex55.java

C:\java>javac -classpath . ex56.java

C:\java>java ex56
7
7.0
6.28
geminijohnharu

C:\java>_
```

이렇게 오버로딩하는 이유는 간단합니다. 인수의 데이터 형이 다른 때라든지, 인수의 개수가 다를 때, 그리고 인수의 순서에 따라서 오버로딩을 사용합니다.

다음 예제는 인수의 데이터 형은 같지만 인수의 갯수가 다른 경우입니다.

실습하기 메소드 오버로딩 클래스 예제 2 (ex57.java)

ex75.java

```
public class ex57 {
    public void addition( int a ) {
      int hap = a + 10;
      System.out.println( hap );
    }

    public void addition( int a, int b ) {
      int hap = a + b;
      System.out.println( hap );
    }

    public void addition( int a, int b, int c ) {
      int hap = a + b + c;
      System.out.println( hap );
    }

    public void addition( int a, int b, int c, int d ) {
      int hap = a + b + c;
      System.out.println( hap );
    }
}
```

실습하기 실행문 예제 2 (ex58.java)

ex58.java

```
public class ex58 {
    public static void main( String[] args ) {

      ex57 no = new ex57();

      no.addition( 1 );
      no.addition( 2, 3 );
      no.addition( 4, 5, 6 );
      no.addition( 5, 6, 7, 8 );
    }
}
```

실행 결과

```
명령 프롬프트

C:₩java>javac ex57.java

C:₩java>javac -classpath . ex58.java

C:₩java>java ex58
11
5
15
18

C:₩java>
```

마지막으로 이번 예제는 인수의 순서에 따른 예제입니다.

실습하기 | 메소드 오버로딩 클래스 예제 3 (ex59.java)

ex59.java

```
public class ex59 {

    public void printInfo( String name, int age ) {
      System.out.println( name + " : " + age );
    }

    public void printInfo( int age, String name ) {
      System.out.println( name + " : " + age );
    }
}
```

실습하기 | 실행문 예제 3 (ex510.java)

ex510.java

```
public class ex510 {
    public static void main( String[] args ) {

      ex59 po = new ex59();

      po.printInfo( "gemini", 10 );
      po.printInfo( 20, "johnahru" );
    }
}
```

실행 결과

```
명령 프롬프트

C:₩java>javac ex59.java

C:₩java>javac -classpath . ex510.java

C:₩java>java ex510
gemini : 10
johnahru : 20

C:₩java>
```

메소드 오버로딩을 정리해 보면 일단 메소드 오버로딩을 할 수 있는 조건이, 첫째로 인수의 데이터 형, 둘째로 인수의 갯수, 셋째로 인수의 순서라고 볼 수 있습니다. 메소드의 이름은 동일하지만 이런 조건들을 가지고 오버로딩을 사용하면 각각 다른 이름의 메소드를 만들지 않아도 되는 장점을 가집니다.

5.3 객체의 특징 JAVA programming

(1) 캡슐화 (encapsulation)

캡슐화라는 것은 복잡한 객체의 내부구조를 숨겨서 쉽게 사용하자는 뜻과 객체의 내용, 즉 객체를 정의하고 있는 소스를 보호하자는 뜻을 담고 있습니다. 그래서 캡슐화가 되어 있는 객체는 쉽게 사용할 수는 있지만 그것의 본 내용을 변경하거나 수정할 수 없습니다. 앞서 배웠지만 객체는 접근 지정자에 따라서 접근을 제어할 수 있습니다.

캡슐화는 클래스 내에 정의된 메소드만 멤버 변수에 접근하게 합니다. 다시 말하자면 객체를 만들 때 정해놓은 방법으로만 객체 내부에 접근할 수 있습니다. 또한 멤버 변수를 "private"로 지정하여 외부에서 함부로 접근 못하도록 합니다.

그럼 이제 캡슐화의 구현원리를 알 수 있는 예제를 살펴보도록 하겠습니다.

실습하기 | 캡슐화 클래스 (ex511.java)

ex511.java

```
public class ex511 {

    private String userName;
    private String carName;
    private String carColor;
```

```
    private int carNumber;

    public void setUserName( String userName ) {
      this.userName = userName;
    }

    public void setCarName( String carName ) {
      this.carName = carName;
    }

    public void setCarColor( String carColor ) {
      this.carColor = carColor;
    }

    public void setCarNumber( int carNumber ) {
      this.carNumber = carNumber;
    }

    public String getUserName() {
      return userName;
    }

    public String getCarName() {
      return carName;
    }

    public String getCarColor() {
      return carColor;
    }

    public int getCarNumber() {
      return carNumber;
    }
}
```

실습하기 | 캡슐화 실행문 (ex512.java)

ex512.java

```
public class ex512 {
    public static void main( String[] args ) {

      ex511 gemini = new ex511();

      gemini.setUserName( "gemini" );
      gemini.setCarName( "그랜져 XG" );
      gemini.setCarColor( "white" );
      gemini.setCarNumber( 2 );

      System.out.println( "username = " + gemini.getUserName() );
      System.out.println( "carname = " + gemini.getCarName() );
      System.out.println( "carcolor = " + gemini.getCarColor() );
      System.out.println( "carnumber = " + gemini.getCarNumber() );

    }
}
```

실행 결과

```
명령 프롬프트

C:\java>javac ex511.java

C:\java>javac -classpath . ex512.java

C:\java>java ex512
username = gemini
carname = 그랜져 XG
carcolor = white
carnumber = 2

C:\java>
```

예제에서 보면 처음으로 "this"라는 키워드가 나옵니다. 이 키워드는 생성자에서 잘 사용하는 키워드로 "이 클래스의~"라는 뜻을 가지고 있습니다. 바로 해당 클래스를 의미하지요. 이것을 사용하면 인수의 이름과 멤버 변수 이름을 동일하게 사용할 수 있기 때문에 가독성(readability)이 좋아집니다. 가독성이란 프로그램의 소스가 읽기 쉽다는 것을 말합니다. 또한 "this"는 나중에 상속을 사용할 때에도 중요할 역할을 담당합니다.

"this"는 멤버 변수를 구분하는 데 사용할 뿐 아니라 메소드를 가리키는 용도로도 사용이 가능합니다. 멤버 변수를 지칭할 때에는 "this.~"식으로 사용하고 그것은 이 클래스 내에 선언 된 "~ 변수"를 의미합니다. 메소드를 지칭할 때에는 "this(~)"식으로 사용하고 이 클래스 내에 선언된 (~) 메소드를 의미합니다.

(2) 상속 (inheritance)

부모님이 자식에게 상속을 하듯 하나의 클래스가 다른 클래스에게 상속을 줄 수 있습니다. 부모님이 자식에게 재산을 물려주는 것처럼 클래스가 클래스에게 상속해 준다는 것은 자신의 클래스 내부에 정의된 멤버 변수와 메소드를 준다는 것입니다. 상속은 다음과 같은 형식으로 기술됩니다.

상속받는 클래스 extends 상속해 주는 클래스

여러분 대부분이 눈치챘겠지만 상속은 멤버 변수나 메소드를 서로 공유하기 위해 필요합니다. 만일 상속이 없다면 중복되는 소스 코드도 많아질테니까요. 다음은 중복되는 코드가 많은 예제입니다.

실습하기 | 상속 클래스 1 (ex513.java)

ex513.java

```
public class ex513 {

    private String name;
    private int age;
    private String schoolName;

    public void setName( String name ) {
      this.name = name;
    }

    public void setAge( int age ) {
      this.age = age;
    }

    public void setSchoolName( String schoolName ) {
      this.schoolName = schoolName;
    }

    public void printInfo() {
      System.out.println( "name = " + name );
      System.out.println( "age = " + age );
      System.out.println( "schoolName = " + schoolName );
    }
}
```

실습하기 | 상속 클래스 2 (ex514.java)

ex514.java

```
public class ex514 {

    private String name;
    private int age;
    private String subject;

    public void setName( String name ) {
      this.name = name;
    }

    public void setAge( int age ) {
      this.age = age;
    }

    public void setSubject( String subject ) {
```

```
        this.subject = subject;
    }

    public void printInfo() {
        System.out.println( "name = " + name );
        System.out.println( "age = " + age );
        System.out.println( "subject = " + subject );
    }
}
```

실습하기 상속 클래스 3 (ex515.java)

ex515.java

```
public class ex515 {

    private String name;
    private int age;
    private String teamName;

    public void setName( String name ) {
        this.name = name;
    }

    public void setAge( int age ) {
        this.age = age;
    }

    public void setTeamName( String teamName ) {
        this.teamName = teamName;
    }

    public void printInfo() {
        System.out.println( "name = " + name );
        System.out.println( "age = " + age );
        System.out.println( "teamName = " + teamName );
    }
}
```

실습하기 상속 실행문 (ex516.java)

ex516.java

```
public class ex516 {
    public static void main( String[] args ) {

        ex513 gemini = new ex513();
        gemini.setName( "gemini" );
        gemini.setAge( 10 );
        gemini.setSchoolName( "university" );
        gemini.printInfo();

```

```
        ex514 johnharu = new ex514();
        johnharu.setName( "johnharu" );
        johnharu.setAge( 20 );
        johnharu.setSubject( "java" );
        johnharu.printInfo();

        ex515 park = new ex515();
        park.setName( "chanho_park" );
        park.setAge( 28 );
        park.setTeamName( "Texas" );
        park.printInfo();
    }
}
```

실행 결과

```
명령 프롬프트

C:\java>javac ex513.java

C:\java>javac ex514.java

C:\java>javac ex515.java

C:\java>javac -classpath . ex516.java

C:\java>java ex516
name = gemini
age = 10
schoolName = university
name = johnharu
age = 20
subject = java
name = chanho_park
age = 28
teamName = Texas

C:\java>_
```

위의 클래스들은 각기 다른 클래스를 정의하고 있지만 그 중 공통적으로 사용된 코드들이 있습니다. 실행문이 있는 클래스에서 사용하는 것 중 2개의 멤버 변수(string name; int age;)와 2개의 메소드(setName(), setAge())는 각각 클래스마다 중복해서 선언되어 있습니다.

이러한 중복을 막기 위해 상속이라는 것을 사용하겠습니다. 다음은 세 개의 클래스 중 공통된 멤버 변수와 메소드를 가진 클래스를 하나 만들고 각각에 대해 적용시키는 예제입니다.

실습하기 | 공통 클래스 (ex517.java)

ex517.java

```
public class ex517 {

    String name;
    int age;

    public void setName( String name ) {
      this.name = name;
    }

    public void setAge( int age ) {
      this.age = age;
    }
}
```

실습하기 | 상속 클래스 1 (ex518.java)

ex518.java

```
public class ex518 extends ex517 {

    private String schoolName;

    public void setSchoolName( String schoolName ) {
      this.schoolName = schoolName;
    }

    public void printInfo() {
      System.out.println( "name = " + name );
      System.out.println( "age = " + age );
      System.out.println( "schoolName = " + schoolName );
    }
}
```

실습하기 | 상속 클래스 2 (ex519.java)

ex519.java

```
public class ex519 extends ex517 {

    private String subject;

    public void setSubject( String subject ) {
      this.subject = subject;
    }

    public void printInfo() {
```

```
        System.out.println( "name = " + name );
        System.out.println( "age = " + age );
        System.out.println( "subject = " + subject );
    }
}
```

실습하기 상속 클래스 3 (ex520.java)

ex520.java

```
public class ex520 extends ex517 {

    private String teamName;

    public void setTeamName( String teamName ) {
      this.teamName = teamName;
    }

    public void printInfo() {
      System.out.println( "name = " + name );
      System.out.println( "age = " + age );
      System.out.println( "teamName = " + teamName );

    }
}
```

실습하기 실행문 (ex521.java)

ex521.java

```
public class ex521 {
    public static void main( String[] args ) {

      ex518 gemini = new ex518();
      gemini.setName( "gemini" );
      gemini.setAge( 10 );
      gemini.setSchoolName( "university" );
      gemini.printInfo();

      ex519 johnharu = new ex519();
      johnharu.setName( "johnharu" );
      johnharu.setAge( 20 );
      johnharu.setSubject( "java" );
      johnharu.printInfo();

      ex520 park = new ex520();
      park.setName( "chanho_park" );
      park.setAge( 28 );
      park.setTeamName( "LA" );
      park.printInfo();
```

```
    }
}
```

실행 결과

```
명령 프롬프트

C:₩java>javac ex517.java

C:₩java>javac -classpath . ex518.java

C:₩java>javac -classpath . ex519.java

C:₩java>javac -classpath . ex520.java

C:₩java>javac -classpath . ex521.java

C:₩java>java ex521
name = gemini
age = 10
schoolName = university
name = johnharu
age = 20
subject = java
name = chanho_park
age = 28
teamName = LA

C:₩java>_
```

ex517 클래스는 나머지 클래스들에게 상속하므로 제일 먼저 컴파일해야 하고 상속 받은 클래스들을 컴파일 할 때 "-classpath" 옵션을 사용하여야 합니다. 이렇게 중복되는 코드가 많은 경우 상속을 이용하면 중복되는 코드를 줄일 수 있습니다. 또 상속을 받았을 때 상속받은 멤버 변수나 메소드 이외에 자신의 멤버 변수와 메소드를 추가할 수도 있습니다.

또한 바로 상속받아서 재정의할 수도 있습니다. 이렇게 메소드를 재정의해서 사용하는 것을 메소드 오버라이딩(method overriding)이라고 합니다. 앞에서 배운 오버로딩과는 완전히 다른 방법입니다. 다음 예제는 메소드 오버라이딩에 대한 예제입니다.

실습하기 오버라이딩 클래스 1 (ex522.java)

ex522.java

```
public class ex522 {

    int age = 30;

    public void date() {
      System.out.println( age + "세 아주머니와 데이트한다" );

    }
}
```

실습하기 오버라이딩 클래스 2 (ex523.java)

ex523.java

```
public class ex523 extends ex522 {

    public void date() {
      System.out.println( "20세 아가씨와 데이트한다." );
    }

}
```

실습하기 실행문 (ex524.java)

ex524.java

```
public class ex524 {
    public static void main( String[] args ) {

      ex522 d = new ex522();
      d.date();

      ex523 s = new ex523();
      s.date();

    }
}
```

실행 결과

```
명령 프롬프트

C:\java>javac ex522.java

C:\java>javac -classpath . ex523.java

C:\java>javac -classpath . ex524.java

C:\java>java ex524
30세 아주머니와 데이트한다
20세 아가씨와 데이트한다.

C:\java>_
```

(3) 다형성 (polymorphism)

객체의 특징 중 하나는 다형성입니다. 다형성이란 다양한 형식이라는 뜻을 가지고 있습니다. 한 개의 객체가 다양한 형태를 가질 수 있습니다. 다음 예제는 이러한 다형성에 대한 예제입니다.

실습하기 다형성 클래스 1 (ex525.java)

ex525.java

```
public class ex525 {
    public void play() {
      System.out.println( "ex525 : swimming" );
    }

    public void study() {
      System.out.println( "ex525 : java programming" );
    }
}
```

실습하기 다형성 클래스 2 (ex526.java)

ex526.java

```
public class ex526 extends ex525 {
    public void study() {
      System.out.println( "ex526 : C# Programming" );
    }
}
```

실습하기 다형성 클래스 3 (ex527.java)

ex527.java

```
public class ex527 extends ex525 {
    public void play() {
      System.out.println( "ex527 : BaseBall" );
    }
}
```

실습하기 다형성 클래스 4 (ex528.java)

ex528.java

```
public class ex528 extends ex525 {
    public void play() {
      System.out.println( "ex528 : BasketBall" );
    }

    public void study() {
      System.out.println( "ex528 : Visual Basic, Visual C++" );
    }
}
```

실습하기 | 실행문 (ex529.java)

ex529.java

```
public class ex529 {
    public static void main( String[] args ) {

      ex525 daddy = new ex525();
      daddy.play();
      daddy.study();

      daddy = new ex526();
      daddy.play();
      daddy.study();

      daddy = new ex527();
      daddy.play();
      daddy.study();

      daddy = new ex528();
      daddy.play();
      daddy.study();
    }
}
```

실행 결과

```
C:\java>javac ex525.java

C:\java>javac -classpath . ex526.java

C:\java>javac -classpath . ex527.java

C:\java>javac -classpath . ex528.java

C:\java>javac -classpath . ex529.java

C:\java>java ex529
ex525 : swimming
ex525 : java programming
ex525 : swimming
ex526 : C# Programming
ex527 : BaseBall
ex525 : java programming
ex528 : BasketBall
ex528 : Visual Basic, Visual C++

C:\java>
```

ex525의 클래스가 부모 클래스의 역할을 하고 있으며 2개의 메소드를 정의하고 있습니다. ex526 클래스는 ex525 클래스를 상속받고 그 중에서 study() 메소드만을 재정의 하고 play() 메소드는 그냥 사용합니다. ex527 클래스는 부모 클래스인 ex525

클래스를 상속받고 그 중에서 play() 메소드만 재정의하고 study() 메소드는 그대로 사용합니다. ex528 클래스는 부모 클래스를 상속받고 play(), study() 메소드를 모두 재정의하여 사용합니다.

그런데 위의 예제에서 중요한 것은 실행문에 있는 daddy 객체입니다. 부모 클래스로 daddy 객체를 만들고 메소드를 실행합니다. 다형성에서도 부모 객체부터 만들어야지만 자식 객체가 상속을 받을 수 있습니다. 그 다음 johnharu 클래스로 daddy 객체를 만들고, 그 다음은 gracedew 클래스로 daddy 객체를 만들고, moon 클래스로 daddy 객체를 만듭니다. 각각에 대해 재정의한 메소드를 사용하기 위해서입니다. 컴파일을 하고 결과를 보면 똑같은 이름으로 daddy 객체의 메소드를 호출하였는데, 자식들이 재정의한 그 메소드가 실행되었습니다. 그것이 바로 다형성입니다.

(4) 추상 클래스

추상 클래스는 상속받은 메소드를 마음대로 수정할 수 있게 합니다. 다시 말하면 메소드의 정의 부분 중 헤더만, 즉 이름만 부모 클래스에서 정의하고 그 안에 있는 내용은 자식 클래스에서 넣을 수 있게 상속합니다.

우리가 이전에 배웠던 메소드 오버라이딩과 비슷한 내용이긴 하지만 오버라이딩에 비해 훨씬 자유롭게 수정할 수 있습니다. 그러니까 결국은 오버라이딩을 확대한 것이라고 생각하면 됩니다.

그렇게 헤더 부분만을 선언한 메소드를 추상 메소드라고 하고 그런 추상 메소드를 가진 클래스를 추상 클래스라고 합니다. "abstract"는 추상 메소드나 추상 클래스의 앞에 붙는 키워드입니다.

실습하기 | 추상 클래스 (ex530.java)

ex530.java

```
abstract class ex530 {

    String name;
    int age;
    String money;

    public ex530 ( String name, int age, String money ){
        this.name = name;
        this.age = age;
        this.money = money;
    }

    public void printInfo() {
        System.out.println( "name = " + name );
        System.out.println( "age = " + age );
        System.out.println( "money = " + money );
    }

    abstract void  playGame();
}
```

실습하기 | 상속 클래스 1 (ex531.java)

ex531.java

```
public class ex531 extends ex530 {

    public ex531() {
        super( "gemini", 20, "100만 달러" );
        printInfo();
    }

    public void playGame() {
        System.out.println( name + "가 손으로 공을 던집니다" );
    }
}
```

실습하기 상속 클래스 2 (ex532.java)

ex532.java

```java
public class ex532 extends ex530 {

    public ex532() {
        super( "johnharu", 25, "150만 달러" );
        printInfo();
    }

    public void playGame() {
        System.out.println( name + "가 발로 공을 찹니다" );
    }
}
```

실습하기 실행문 (ex533.java)

ex533.java

```java
public class ex533 {
    public static void main( String[] args ) {

        ex531 gemini = new ex531();
        gemini.playGame();

        ex532 johnharu = new ex532();
        johnharu.playGame();
    }
}
```

실행 결과

```
명령 프롬프트

C:\java>javac ex530.java

C:\java>javac -classpath . ex531.java

C:\java>javac -classpath . ex532.java

C:\java>javac -classpath . ex533.java

C:\java>java ex533
name = gemini
age = 20
money = 100만 달러
gemini가 손으로 공을 던집니다
name = johnharu
age = 25
money = 150만 달러
johnharu가 발로 공을 찹니다

C:\java>_
```

ex530 예제는 추상 클래스를 정의하고 있습니다. 클래스 내부를 살펴보면 멤버 변수와 생성자, 일반 메소드, 추상 메소드가 선언되어 있습니다. ex531와 ex532은 추상 메소드를 상속받은 클래스들입니다. 추상 클래스 ex530은 내부에서 playGame() 메소드의 헤더만 선언한 추상 메소드를 정의하고 있습니다. 그래서 playGame() 메소드 앞에 "abstract"가 붙어 있습니다. ex531과 ex532에서 부모 클래스인 ex530을 상속받습니다. 그리고 부모 클래스의 내용 중 추상 메소드인 playGame() 메소드를 완성합니다.

우리가 이전에 배웠던 메소드 오버라이딩과 비슷한 역할을 하지만 그것에 비해 훨씬 자유로운 코드를 만들 수 있습니다.

Chapter 05 >> 요점정리

- 클래스는 멤버 변수(클래스 안에서 선언된 변수)와 메소드(클래스 안에서 선언된 명령문 블록)로 구성됩니다.
- 클래스는 객체를 만드는 틀이고 "new"라는 키워드를 사용합니다.
- 객체의 멤버 변수의 사용은 "객체명, 멤버 변수명" 의 형식으로, 메소드의 사용은 "객체명, 메소드명( )" 의 형식으로 사용합니다.
- 자바의 모든 명령문은 클래스로 제공됩니다.
- 모든 클래스는 "new"라는 키워드를 사용하여 객체가 만들어져야 실행할 수 있습니다.
- 객체를 인스턴스라고도 합니다.

Chapter 06
클래스

Chapter 06

클래스

6.1 사용자 정의 클래스

JAVA programming

모든 자바 프로그램은 클래스로 시작해서 클래스로 끝납니다. 지금까지 우리가 작성했던 소스들을 보더라도 클래스의 이름을 설정하는 것으로부터 시작됩니다. 자바에서 사용하는 클래스는 두 가지 종류가 있습니다.

- 자바 언어 자체에서 제공하는 "자바 클래스"
- 사용자가 작성하는 "사용자 정의 클래스"

우리가 지금까지 작성하였던 클래스가 사용자 정의 클래스입니다.

다음 예제는 우리가 지금까지 작성했던 클래스가 있는 사용자 정의 클래스에 대한 예제입니다.

실습하기 사용자 정의 클래스 예제 (ex61.java)

ex61.java

```java
public class ex61 {
    public static void main( String[] args ) {
        System.out.println( "Hello World!" );
    }
}
```

다음 예제는 클래스만을 갖는 자바 파일입니다. 클래스만 가지고는 자바를 실행할 수 없습니다. 앞에서 보았듯이 실행문이 있어야 실행이 가능한 것입니다. 다시 말하자면 main() 이라는 메소드가 있어야만 실행할 수 있습니다. 하지만 클래스 자체도 의미는 있습니다. 클래스 파일만 만들어 놓는다면 앞으로 그 파일을 불러내어 쓸 수가 있기 때문입니다.

실습하기 클래스 예제 (ex62.java)

ex62.java

```java
public class ex62 {

    String name;
    int age;
    String address;

    public void printInformation() {
      System.out.println( name + "은 " + age + "세 이고, " + address + "에 삽니다" );
    }

}
```

실행 결과

```
명령 프롬프트

c:\java>javac ex62.java

c:\java>java ex62
Exception in thread "main" java.lang.NoSuchMethodError: main

c:\java>_
```

앞에 있는 예제를 살펴보면 컴파일은 된다는 것을 알 수 있습니다. 하지만 실행은 되지 않습니다. main() 메소드가 없기 때문입니다. 지금까지는 main() 메소드가 있었던 예제들만 보았기 때문에 전부 실행할 수 있었습니다.

자바는 모든 명령문들이 객체로 이루어져 있습니다. 예를 들면 우리가 지금까지 썼던 system.out.println() 도 객체입니다. 클래스에서는 '.'으로 클래스 내부에서 정의된 하위 클래스와 메소드를 호출할 수 있습니다. 아무튼 사용자 정의 클래스를 만드는 경우는 다음과 같이 두 가지 경우가 있습니다.

▶ 클래스를 외부에서 만드는 경우

모든 자바 프로그램은 "public static void main(String[ ] args)"로부터 시작합니다. 클래스를 외부에 만들면 "public static void main(String[ ] args)"는 없습니다. 그러므로 실행도 할 수 없습니다. 단지 컴파일을 해놓고 다른 파일에서 그 클래스를 불러 사용하게 되는데 이럴 경우에는 다른 사람들이 만들어 놓은 클래스를 사용할 수 있습니다.

또한 이런 클래스를 불러서 사용하는 프로그램의 경우, 컴파일할 때 "javac-classpath ." 라는 옵션을 사용하여 컴파일을 합니다. 여기에서 '.'의 역할은 현재 디렉토리를 알리는 것입니다. 다시 말하면 같은 디렉토리에 있는 클래스를 사용한다고 컴파일러에게 알리는 역할을 합니다.

실습하기 ex62에서 만든 외부 클래스를 불러 사용하는 예제 (ex63.java)

ex63.java

```
public class ex63 {
    public static void main( String[] args ) {

        ex62 john = new ex62();

        john.name = "John";
        john.age = 30;
        john.address = "New York";

        ex62 tom = new ex62();

        tom.name = "Tom";
        tom.age = 40;
        tom.address = "Chicago";

        john.printInformation();
        tom.printInformation();

        System.out.println("작업 끝");

    }
}
```

실행 결과

```
명령 프롬프트

c:₩java>javac -classpath . ex63.java

c:₩java>java ex63
John은 30세 이고, New York에 삽니다
Tom은 40세 이고, Chicago에 삽니다
작업 끝

c:₩java>
```

ex63 예제를 보면 클래스에서 외부 클래스를 불러옵니다. 이렇게 클래스를 불러서 사용하는 클래스의 경우 객체(object) 또는 인스턴스(instance)를 만들어야 합니다.

자바에서는 그러한 객체를 만들 때에는 "new"라는 키워드를 사용합니다. "new"는 기존 클래스를 불러서 새로운 객체를 만드는 키워드입니다. "new"를 사용할 때마다 다른 객체가 만들어지며 특별한 클래스의 경우는 "new"를 사용하지 않아도 되는 것이 있습니다.

▶ 클래스 내부에 클래스를 넣는 경우

일반적으로 반드시 외부 파일로 클래스를 구성하는 것은 아닙니다. 그 반대로도 동작할 수 있습니다. 그러니까 하나의 프로그램에 클래스를 넣을 수도 있다는 뜻이 됩니다. 이 경우 컴파일과 실행도 우리가 실습했던 대로 평범하게 할 수 있습니다.

이렇게 클래스 내부에 클래스를 넣을 경우는 프로그램을 간단히 작성하고 프로그래머가 쉽게 컴파일 할 수 있지만 여러 사람이 공유하지는 못합니다.

실습하기 ex62와 ex63을 하나의 클래스로 만든 예제 (ex64.java)

ex64.java

```
public class ex64 {

    String name;
    int age;
    String address;

    public void printInformation() {
      System.out.println( name + "은 " + age + "세 이고, " + address + "에 삽니다" );
    }

    public static void main( String[] args ) {

       ex64 john = new ex64();

       john.name = "John";
       john.age = 30;
       john.address = "New York";

       ex64 tom = new ex64();

       tom.name = "Tom";
       tom.age = 40;
       tom.address = "Chicago";

       john.printInformation();
       tom.printInformation();

       System.out.println("작업 끝");

    }
}
```

실행 결과

```
명령 프롬프트

c:\java>javac ex64.java

c:\java>java ex64
John은 30세 이고, New York에 삽니다
Tom은 40세 이고, Chicago에 삽니다
작업 끝

c:\java>
```

다음 예제는 시작값과 마지막값을 받아서 합을 출력하는 클래스를 작성하는 예제 프로그램이다.

실습하기 외부클래스를 이용한 프로그래밍 예제 (ex64_1.java, StartStopHap.java)

StartStopHap.java

```
class StartStopHap
{
    int start, stop;
    public void hap()
    {
        int i,hap=0;
        for( i=start ; i<=stop ; i++ )
            hap = hap + i;
        System.out.println(start + "부터 " + stop + "까지의 합은 " + hap + "입니다.");
    }
}
```

ex64_1.java

```
class ex64_1
{
    public static void main(String[] args)
    {
      StartStopHap a = new StartStopHap();
      a.start = 5;
      a.stop = 100;

      a.hap();
    }
}
```

실행 결과

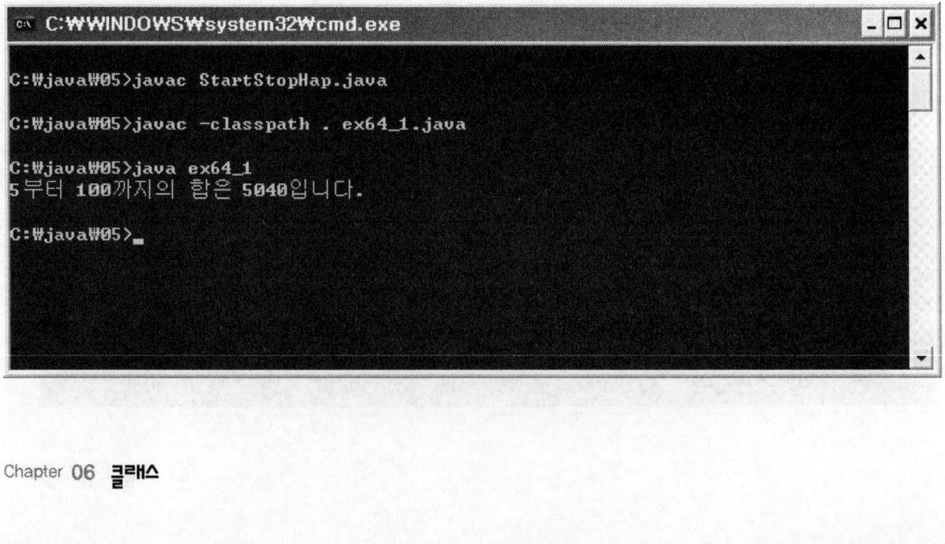

6.2 실행 시작문 main() 메소드

JAVA programming

main() 메소드는 변수나 명령문을 자유롭게 기술을 할 수 있는 메소드입니다. main() 메소드가 자바 프로그램의 시작을 나타내기 때문에 main() 메소드가 없는 자바 클래스는 외부에서 만든 클래스라고 생각해도 됩니다. 외부에서 만들어진 클래스를 사용하기 위해서는 main() 메소드에 별도의 객체를 만들어야 합니다.

지금까지 우리는 "public static void main(String[ ] args)" 이런 형태로 main() 메소드를 작성하였는데 괄호 안의 인수 "String[ ] args"에 대해 살펴보면 문자열을 기억할 수 있는 배열을 선언한 것입니다. 배열명은 당연히 args가 되겠네요. 이 배열은 인수를 받아들이는 데 사용합니다. 인수를 전달하는 방법은 다음 예에서 설명합니다.

실습하기 | 인수의 전달 예제 (ex65.java)

ex65.java

```
public class ex65 {
    public static void main( String[] args ) {

      for( int i=0 ; i<args.length ; i++ ) {
        System.out.println( "사용자가 입력한 " + (i+1) + " 번째 값은 " + args[i] );
      }

    }
}
```

실행 결과

```
명령 프롬프트

c:\java>javac ex65.java

c:\java>java ex65 OK JAVA Good!
사용자가 입력한 1 번째 값은 OK
사용자가 입력한 2 번째 값은 JAVA
사용자가 입력한 3 번째 값은 Good!

c:\java>_
```

"public static void main(String[ ] args)"에서 앞쪽에 나오는 "public static void"는 뒷쪽의 main() 메소드의 특징을 설명하는 구문입니다.

일반적으로 메소드를 기술하는 형식은 다음과 같습니다.

```
접근 지정자_반환 데이터 형_메소드명(인수들){
    변수선언 ;
    명령문 ;
    return 반환값 ;
}
```

일단 반환 데이터 형부터 살펴보도록 하겠습니다. 우리가 지금까지 사용했던 "void"는 리턴값이 없음을 뜻하고 있습니다. 즉, 돌려줄 필요가 없을 때 사용합니다. ex66 예제를 보면서 의미를 생각해 보기로 하겠습니다.

실습하기 실행문 예제 (ex66_1.java)

ex66_1.java

```
public class ex66_1 {
    public static void main( String[] args ) {

        ex66_2 john = new ex66_2();

        john.nailDown();

    }
}
```

실습하기 | 클래스 예제 (ex66_2.java)

ex66_2.java

```
public class ex66_2 {

   String hammer;
   int nail;

   public void nailDown() {

     hammer = "쇠망치";
     nail = 2;

     System.out.println( hammer + "로 못을 " + nail + "개 박다" );

   }
}
```

실행 결과

```
명령 프롬프트

c:\java>javac ex66_2.java

c:\java>javac -classpath . ex66_1.java

c:\java>java ex66_1
쇠망치로 못을 2개 박다

c:\java>
```

실행 예제를 보면 두 개의 클래스의 관계는 다음과 같습니다. ex66_1에 의해 ex66_2에 선언되어 있는 메소드가 실행되어도 실제로 아무런 값을 돌려주지 않습니다. ex66_2 클래스에 nailDown() 메소드를 선언할 때 void로 지정하였습니다. 그 void는 아무런 값도 돌려주지 않을 때 사용하는 키워드이기 때문입니다. 결과를 보기 위해서는 일단 ex66_2 클래스를 컴파일하고 ex66_1을 컴파일하면 됩니다.

다음 예제는 void 가 아닌 값을 반환하는 경우에 대한 예제입니다.

실습하기 | 실행문 예제 (ex67_1.java)

ex67_1.java

```
public class ex67_1 {
    public static void main( String[] args ) {

        ex67_2 john = new ex67_2();

        String message = john.nailDown();

        System.out.println(message);

    }
}
```

실습하기 | 클래스 예제 (ex67_2.java)

ex67_2.java

```
public class ex67_2 {

    String hammer;
    int nail;

    public String nailDown() {

      hammer = "쇠망치";
      nail = 2;

      System.out.println( hammer + "로 못을 " + nail + "개 박다" );

      return "OK!";

    }
}
```

실행 결과

```
명령 프롬프트
c:\java>javac ex67_2.java

c:\java>javac -classpath . ex67_1.java

c:\java>java ex67_1
쇠망치로 못을 2개 박다
OK!

c:\java>_
```

실행 예제의 두 개의 클래스의 관계는 ex67_1에 의해 ex67_2에서 선언되어 있는 메소드가 실행한 후 리턴값이 있는 경우입니다. return 을 통해 "OK!" 라는 문자열을 넘겨주는 것입니다. ex67_2 클래스에서 nailDown() 메소드를 선언할 때 String을 쓴 이유가 바로 그것 때문입니다. 그 String은 리턴값이 문자열이라는 것을 알려주고 있습니다. 결과를 보기 위해서는 일단 ex67_2 클래스를 컴파일하고 ex67_1을 컴파일하면 됩니다.

앞에서 연습했던 ex64_1예제를 리턴값이 있는 형태로 변형해 보겠습니다. 계산된 합을 해당 클래스에서 직접 출력하지 않고 호출된 곳으로 반환하여 출력이되도록 해보겠습니다.

실습하기 반환값이 있는 클래스와 실행문 예제 (StartStopHap_r.java, ex64_1r.java)

StartStopHap_r.java

```
class StartStopHap_r
{
    int start, stop;
    public int hap()
    {
        int i,hap=0;
        for( i=start ; i<=stop ; i++ )
            hap = hap + i;
        return hap;
    }
}
```

ex64_1r.java

```
class ex64_1r
{
    public static void main(String[] args)
    {
      int hap, s1=5, s2=100;
      StartStopHap_r a = new StartStopHap_r();
      a.start = s1;
      a.stop = s2;
      hap = a.hap();

      System.out.println(s1 + "부터 " + s2 + "까지의 합은 " + hap + "입니다.");
    }
}
```

실행 결과

```
C:\WINDOWS\system32\cmd.exe

C:\java\05>javac StartStopHap_r.java

C:\java\05>javac -classpath . ex64_1r.java

C:\java\05>java ex64_1r
5부터 100까지의 합은 5040입니다.

C:\java\05>
```

다음은 접근 지정자에 대해 알아보도록 하겠습니다.

접근 지정자란 다른 클래스들이 접근할 수 있는 권한을 정의하는 부분입니다. 지금까지 우리는 "public"이라는 접근 지정자를 써 왔습니다. public 으로 접근 지정자를 선언하면 어느 클래스나 어느 프로그램에서든지 접근을 하여 사용할 수 있습니다. 여기에서 사용한다는 의미는 클래스 안에 있는 멤버 변수라든지 메소드의 사용을 의미 합니다.

▶ 접근 지정자의 종류

- public : 어디서나 접근 가능
- private : 동일 클래스 내에서만 접근 가능
- default : 동일 패키지 내에서만 접근 가능
-protected : 동일 패키지 내에서만 접근 가능하지만 다른 패키지의 상속 받은 클래스에서도 접근 가능

그 중 가장 많이 사용하는 접근 지정자인 private 접근 지정자에 대해 살펴보겠습니다. 다음 예제는 private 접근 지정자를 사용한 예제입니다.

실습하기 private 예제 1 (ex68.java)

ex68.java

```java
public class ex68 {

    private String name = "gemini";
    private int age = 10;
    private String socialNumber = "991223-1234321";

    public void printInformation() {
      System.out.println( name + " : " + age + " : " + socialNumber );
    }

    public static void main ( String[] args){
      ex68 gemini = new ex68();
      gemini.printInformation();
    }

}
```

실행 결과

```
명령 프롬프트

C:₩java>javac ex68.java

C:₩java>java ex68
gemini : 10 : 991223-1234321

C:₩java>
```

ex68 예제에서는 클래스와 실행문을 하나의 파일로 만들어서 실행하고 있습니다. 하지만 private 접근 지정자는 꼭 이러한 형태를 유지하면서 사용하여야 합니다. 만일 그렇지 않다면 에러가 발생하게 되는데, 다음 예제 두 가지를 살펴보면 그 이유를 알 수 있습니다.

실습하기 private 예제 2 (ex69.java)

ex69.java

```java
public class ex69 {

    private String name = "gemini";
    private int age = 10;
    private String socialNumber = "991223-1234321";

    public void printInformation() {
      System.out.println( name + " : " + age + " : " + socialNumber );
    }

    public static void main ( String[] args){
      ex69 gemini = new ex69();
      gemini.printInformation();

      ex69 johnharu = new ex69();
      johnharu.name = "Johnharu";
      johnharu.age = 20;
      johnharu.socialNumber = "990101-1283232";
      johnharu.printInformation();

    }

}
```

실행 결과

```
명령 프롬프트

c:₩java>javac ex69.java

c:₩java>java ex69
gemini : 10 : 991223-1234321
Johnharu : 20 : 990101-1283232

c:₩java>
```

이러한 방법에 앞의 ex68과 같은 방법입니다. 그러므로 클래스 안에 private 접근 지정자를 사용하여 변수를 선언하고 다시 그 안에서 main() 메소드를 실행시키는 방법이지요. 하지만 다음 예문에서는 외부 클래스를 만들어서 접근해 보겠습니다.

실습하기 private 예제 3 (ex610.java)

ex610.java

```java
public class ex610 {
    public static void main( String[] args ) {

      ex68 john = new ex68();

      john.name = "Johnharu";
      System.out.println( john.name );

    }
}
```

실행 결과

```
명령 프롬프트

c:₩java>javac ex68.java

c:₩java>javac -classpath . ex610.java
ex610.java:6: name has private access in ex68
                    john.name = "Johnharu";
                        ^
ex610.java:7: name has private access in ex68
                    System.out.println( john.name );
                                            ^
2 errors

c:₩java>
```

ex610 예제는 ex68 클래스를 불러 사용하는 방법입니다. 하지만 ex68로 객체를 만들 때에 에러가 발생하게 됩니다. 그 에러는 ex68 클래스의 변수들을 "private"로 지정해 놓았기 때문입니다. 당연히 접근이 차단되기 때문에 에러가 발생합니다. 이러한 접근 상의 에러를 해결하기 위해 변수를 "public"으로 바꿔주면 됩니다. "public"의 경우 제한 없이 접근할 수 있기 때문입니다.

일반적으로 객체는 가능한 그 객체 안에 선언된 메소드와 멤버 변수만으로 작업을 하는 것이 원칙이고, 같은 파일 안에서는 객체 간의 변수값을 자유롭게 주고받을 수 있습니다. 또한 다른 객체 내의 메소드를 함부로 부르거나 멤버 변수의 값을 함부로 변경하지 못하게 하기 위해 "private"를 쓰는 것이 원칙입니다.

다음에는 "default" 접근 지정자를 살펴보도록 하겠습니다. "default" 접근 지정자는 아무것도 지정하지 않았다는 뜻을 가지고 있습니다. 그래서 형식에서도 "default"의 경우는 우리가 지금까지 실습했던대로 변수나 메소드 앞에 기술하는 것이 아니라 아무 것도 쓰지 않으면 "default"가 됩니다.

"default"로 접근 지정자를 쓰게 되면 동일 패키지 내에 있는 클래스에게는 접근을 허용합니다. 반대로 동일 패키지가 아닌 다른 패키지에 있는 클래스에게는 접근을 차단합니다.

실습하기 default 예제 : 실행자 (ex611_1.java)

ex611_1.java

```
public class ex611_1 {
    public static void main( String[] args ) {

      ex611_2 john = new ex611_2();

      john.name = "Johnharu";
      System.out.println( john.name );
    }
}
```

실습하기 default 예제 : 클래스 (ex611_2.java)

ex611_2.java

```
public class ex611_2 {

    String name = "gemini";
    int age = 10;
    String socialNumber = "991223-1234321";

    public void printInformation() {
      System.out.println( name + " : " + age + " : " + socialNumber );
    }
}
```

실행 결과

```
명령 프롬프트

c:\java>javac ex611_2.java

c:\java>javac -classpath . ex611_1.java

c:\java>java ex611_1
Johnharu

c:\java>_
```

자바에서는 일반적으로 자신의 객체 안에 있는 멤버 변수와 메소드를 사용하는 것이 원칙입니다. 그래서 다른 객체 내에 있는 멤버 변수와 메소드를 함부로 호출하지 못하게 만들 수 있는 데 그것이 "private"을 사용하는 방법입니다. "public"이 더 쓰기 편할지 모르지만 객체 지향의 특징으로 은폐성을 이룰 수 없다는 단점을 가집니다. 그래서 "private"가 클래스를 정의하는 데 있어서는 기본값으로 생각하는 것이 좋습니다.

마지막으로 "protected" 지정자가 있습니다. 이 지정자는 상속의 개념을 배워야 이해할 수 있습니다. 다음에 상속을 다루면서 설명하도록 하겠습니다.

지금까지 접근 지정자에 대해 살펴보았습니다. 예제에서는 멤버 변수에 대해서만 이야기했지만 메소드의 경우에도 접근 지정자를 사용할 수 있습니다. 물론 같은 기능을 가지고 있습니다.

이제는 "static"이 남아 있습니다. "static"을 설명하기 위해서 그와 관련 있는 용어로 "dynamic"을 알아봐야 합니다. "static"은 컴파일러에게 프로그래머가 지시하는 지시어입니다. 반면에 "dynamic"은 컴퓨터의 CPU(Central Process Unit)가 실행하는 CPU의 작업입니다. 컴파일러의 경우 한번만 컴파일하면 더 이상 실행에는 관섭하지 않습니다. 하지만 CPU의 작업은 프로그램이 끝날 때까지 계속해서 실행합니다.

변수 앞에 "static"이라고 나오면 변수를 모든 클래스에서 사용할 수 있게 하라는 뜻으로 사용하고 메소드가 나오면 클래스 이름으로 호출할 수 있게 하라고 지시하는 뜻을 가지고 있습니다. 다시 말하면 메소드에 "static"을 붙이면 컴파일 과정에서 객체명을 확정합니다. 해당 클래스 이름이 객체명으로 확정되는 겁니다. 컴파일할 때에 이미 클래스명을 알 수 있는 것입니다.

우리가 객체에서 "new"라는 키워드를 사용하였습니다. 여기에서 "new"는 실행문이고 CPU에서 실행합니다. 따라서 "new"를 사용하는 경우는 CPU가 프로그램을 실행하면서 "dynamic"하게 객체명을 부여합니다.

자 그러면 이제 "static"에 대한 예제와 비교해 보기 위해 일반 객체 방법을 살펴보겠습니다.

실습하기 클래스 예제 (ex615.java)

ex615.java

```
public class ex615 {
    int number = 3;
}
```

실습하기 클래스 실행문 예제 (ex616.java)

ex616.java

```
public class ex616 {
    public static void main( String[] args ) {

        ex615 c1 = new ex615();
        System.out.println("c1.number = " + c1.number);

        c1.number++;
        System.out.println("c1.number = " + c1.number);

        ex615 c2 = new ex615();
        System.out.println("c2.number = " + c2.number);

        c2.number++;
        System.out.println("c2.number = " + c2.number);
    }
}
```

실행 결과

앞의 예제에서 ex615 클래스에는 number 라는 하나의 변수를 선언하였습니다. 당연히 클래스 안에 선언된 변수이기 때문에 멤버 변수입니다. 그리고 두 개의 객체가 만들어졌습니다. c1.number와 c2.number인데 그것은 각각 다른 값을 가집니다. 다시 말하자면 두 개의 객체가 number 변수를 공유한 것이 아니라는 것입니다. 객체의 특성상 당연히 각각 독립적으로 되어 있습니다.

"static"은 이러한 객체 간에 공유할 수 있는 방법입니다. 그럼 다음 예제를 살펴보겠습니다.

실습하기 static 클래스 예제 (ex617.java)

ex617.java

```
public class ex617 {
    static int number = 3;
}
```

실습하기 | 실행문 예제 (ex618.java)

ex618.java

```java
public class ex618 {
    public static void main( String[] args ) {

        ex617 sc1 = new ex617();
        System.out.println("sc1.number = " + sc1.number);

        sc1.number++;
        System.out.println("sc1.number = " + sc1.number);

        ex617 sc2 = new ex617();
        System.out.println("sc2.number = " + sc2.number);

        sc2.number++;
        System.out.println("sc2.number = " + sc2.number);
    }
}
```

실행 결과

```
명령 프롬프트

C:₩java>javac ex617.java

C:₩java>javac -classpath . ex618.java

C:₩java>java ex618
sc1.number = 3
sc1.number = 4
sc2.number = 4
sc2.number = 5

C:₩java>
```

"static"은 모든 클래스에서 공유하는 전역변수를 만드는 방법입니다. 접근 지정자와 마찬가지로 멤버 변수, 그리고 메소드에 대해서도 지정할 수 있습니다. 다시 정의하자면 "static"은 객체 사이에 공유할 멤버 변수와 메소드를 지정합니다. 또한 "static"을 지정하면 객체를 만들지 않고도 멤버 변수와 메소드에 접근할 수 있습니다.

다음 예제는 멤버 변수와 메소드 앞에 "static"을 지정한 클래스를 작성하고 객체를 만들지 않으면서 접근하는 예제입니다.

실습하기 메소드 static 클래스 예제 (ex619.java)

ex619.java

```
public class ex619 {
    static int number = 3;

    public static void printNumber() {
        System.out.println("number = " + number);
    }
}
```

실습하기 실행문 예제 (ex620.java)

ex620.java

```
public class ex620 {
    public static void main( String[] args ) {

      ex619 no = new ex619();
      System.out.println("no.number = " + no.number);
      no.printNumber();

      System.out.println("NoneObject.number = " + ex619.number);
      ex619.printNumber();

    }
}
```

실행 결과

```
명령 프롬프트

C:₩java>javac ex619.java

C:₩java>javac -classpath . ex620.java

C:₩java>java ex620
no.number = 3
number = 3
NoneObject.number = 3
number = 3

C:₩java>_
```

앞의 예제는 멤버 변수와 메소드에 모두 "static"을 지정하였습니다. 그리고 이 클래스에 있는 멤버 변수와 메소드는 누구나 접근할 수 있습니다. 실행문에서는 "no"라는 객체를 만들어 멤버 변수와 메소드를 사용하는 경우와 객체를 만들지 않고 곧장 클래스 내의 멤버 변수와 메소드를 사용하는 경우를 만들었습니다.

6.3 객체의 사용

JAVA programming

(1) final

앞서 공부했던 "static" 말고 "final"이란 키워드가 있습니다. "final"도 "static"과 마찬가지로 클래스나 멤버 변수, 메소드 앞에 선언하는 키워드입니다. 클래스 앞에 선언되면 상속이 불가능하다는 뜻이 되고 멤버 변수 앞에 지정되면 초기값이 들어 있으면 도중에 다른 값의 할당이 되지 않습니다. 마지막으로 메소드 앞에 이 키워드가 있다면 오버라이딩을 하지 못합니다. 다음에 다시 설명하겠지만 오버라이딩이란 다른 클래스에 있는 메소드를 상속받아서 수정할 수 있는 메소드를 말합니다.

다음 예제는 "final"을 지정한 예제입니다.

실습하기 final 클래스 예제 (ex621.java)

ex621.java

```
final class ex621 {

    String name = "gemini";
    int age = 10;

    public void printInfo() {
        System.out.println( name + ":" + age );
    }
}
```

실습하기 final 실행문 (ex622.java)

ex622.java

```java
public class ex622 {
    public static void main( String[] args ) {

        ex621 sc = new ex621();
        sc.printInfo();

    }
}
```

실행 결과

```
명령 프롬프트

C:\java>javac ex621.java

C:\java>javac -classpath . ex622.java

C:\java>java ex622
gemini:10

C:\java>
```

다음 예제는 "final"로 지정한 클래스를 상속받는 예제입니다. 당연히 에러가 날 것입니다. 왜냐하면 "final"로 지정한 클래스는 상속을 받을 수 없기 때문입니다. 클래스는 앞에서 실습한 "ex621.java" 로 하도록 하겠습니다.

실습하기 final 상속 (ex623.java)

ex623.java

```java
public class ex623 extends ex621 {

    public void print() {
        printinfo();
    }

    public static void main( String[] args ) {
        ex621 sc = new ex621();
        sc.print();
    }
}
```

실행 결과

```
C:\java>javac ex621.java

C:\java>javac -classpath . ex623.java
ex623.java:1: cannot inherit from final ex621
public class ex623 extends ex621 {
                                 ^
ex623.java:4: cannot resolve symbol
symbol  : method printinfo ()
location: class ex623
        printinfo();
        ^
ex623.java:9: cannot resolve symbol
symbol  : method print ()
location: class ex621
        sc.print();
          ^
3 errors

C:\java>
```

우리가 예상 했던 대로 에러가 났습니다. 에러의 내용을 보면 "cannot inherit from final ex621" 이라고 되어 있습니다.

그러면 이번에는 멤버 변수에 "final"이 지정된 예제를 보겠습니다. 앞에서 보았듯이 멤버 변수에 "final"을 지정하면 멤버 변수의 값은 변경할 수 없습니다. 그리고 "final"로 지정된 멤버 변수는 초기화된 값을 계속 유지해야 합니다. 예제에서는 초기화 된 값을 다른 값으로 할당하고 있기 때문에 에러가 발생합니다.

실습하기 final 멤버 변수 (ex624.java)

ex624.java

```
public class ex624 {

    final String name = "gemini";
    int age = 10;

    public void printInfo() {
        System.out.println( name + ":" + age );
    }

    public void changeValue() {
```

```java
        name = "johnharu";
        age = 20;
    }

    public static void main( String[] args ) {
        ex624 sc3 = new ex624();
        sc3.printInfo();
        sc3.changeValue();
        sc3.printInfo();
    }
}
```

실행 결과

```
명령 프롬프트

C:\java>javac ex624.java
ex624.java:11: cannot assign a value to final variable name
        name = "johnharu";
        ^
1 error

C:\java>
```

이번에는 마지막으로 메소드에 "final"을 지정한 경우입니다. 메소드에 "final"을 지정하면 오버 라이딩이 불가능합니다. 오버 라이딩이란 메소드를 재정의하는 것을 말합니다. 오버 라이딩을 못하기 때문에 상속받은 메소드를 수정하면 에러가 발생합니다.

실습하기 | final 메소드 (ex625.java)

ex625.java

```java
public class ex625 {

    String name = "gemini";
    int age = 10;

    final public void printInfo() {
        System.out.println( name + ":" + age );
    }
}
```

실습하기 실행문 (ex626.java)

ex626.java

```java
public class ex626 extends ex625 {

    String address = "서울";

    public void printInfo() {
        System.out.println( "address = " + address );
    }

    public static void main( String[] args ) {
        ex626 sc2 = new ex626();
        sc2.printInfo();
    }
}

```

실행 결과

```
명령 프롬프트

C:\java>javac ex625.java

C:\java>javac -classpath . ex626.java
ex626.java:5: printInfo() in ex626 cannot override printInfo() in ex625; overrid
den method is final
    public void printInfo() {
                ^
1 error

C:\java>_
```

(2) 인터페이스 (interface)

"interface"는 지금까지 배웠던 메소드 오버라이딩이나 추상 클래스의 발전된 형태입니다. 발전되었다고 함은 부모 클래스에 있는 메소드를 모두 마음대로 수정하여 쓸 수 있는 형태를 말합니다. 다시 말하자면 인터페이스는 완전히 추상 메소드로만 구성된 클래스입니다. 그래서 자식 클래스에서 재정의하여 사용하고 다중 상속이 가능합니다.

일반적인 형식은 클래스 앞에 "interface"라는 키워드를 기술하고 상속을 지시할 때에도 이전에 사용했던 "extends"가 아니라 "impliments"를 기술합니다.

abstract -> interface, extends -> impliments

메소드 오버라이딩, 다형성, 추상화, 인터페이스의 공통점은 부모 클래스에서 상속 받은 후, 내용을 수정하거나 틀(형태)만을 받고 내용을 만들어 삽입하여 사용하는 작업들입니다. 이것을 객체의 재사용 또는 확장이라고 합니다.

(3) 내부 클래스

클래스는 크게 두 종류로 나뉘어 집니다. 밖에 있는 클래스를 외부 클래스(outer class)라고 하고, 안에 있는 클래스를 내부 클래스(inner class)라고 합니다. 그런데 이러한 내부 클래스는 멤버 클래스(member class), 로컬 클래스(local class)와 익명 클래스(anonymous class)로 나눌 수 있습니다.

멤버 클래스는 멤버 변수나 메소드와 같이 생각하면 됩니다. 그래서 멤버 변수나 메소드와 동일한 위치에 기술하는 것이 특징입니다. 하지만 이 클래스도 객체를 만들어야만 사용할 수 있습니다. 일단 외부 클래스의 객체를 만들고 외부 객체를 이용하여 다시 내부 객체를 만듭니다. 왜냐하면 혼자서는 객체를 만들 수 없기 때문입니다.

다음 예제는 멤버 클래스에 대한 예제입니다.

실습하기 | 멤버 클래스 예제 (ex627.java)

ex627.java

```
public class ex627 {

    String name = "gemini";
    int age = 10;

    public class MemberClass {
        public void printInfo() {
          System.out.println( "name = " + name );
          System.out.println( "age = " + ++age );
      }
    }
```

```
    public static void main( String[] args ) {

      ex627 oc = new ex627();
      ex627.MemberClass mb = oc.new MemberClass();

      mb.printInfo();
    }
}
```

실행 결과

```
명령 프롬프트

C:\java>javac ex627.java

C:\java>java ex627
name = gemini
age = 11

C:\java>_
```

실습하기 | 멤버 클래스 내의 this 의미 예제 (ex628.java)

ex628.java

```
public class ex628 {

    String name = "gemini";
    int age = 10;

    public class Member {
      String name = "johnharu";

      public void printName() {

        System.out.println( "name = " + name );
        System.out.println( "this.name = " + this.name );
        System.out.println( "ex628.this.name = " + ex628.this.name );
      }
    }

    public static void main( String[] args ) {
      ex628 oc = new ex628();
      ex628.Member mb = oc.new Member();
      mb.printName();
    }
}
```

실행 결과

로컬 클래스는 메소드 내부에 기술되기 때문에 로컬 클래스의 객체를 만드는 코드와 객체를 사용하는 코드가 있어야 합니다. 로컬 클래스는 항상 사용하는 것이 아니라 특별한 경우에 사용하는 객체를 만듭니다.

다음은 로컬 클래스의 예제입니다.

실습하기 로컬 클래스 예제 (ex629)

ex629.java

```
public class ex629 {

    String name = "gemini";
    int age = 10;

    public void printName() {

        class Local {
          public void print() {
            System.out.println( "Local : name = " + name );
          }
        }

      Local lc = new Local();
      lc.print();
    }

    public static void main( String[] args ) {
      ex629 oc = new ex629();
      oc.printName();
    }
}
```

실행 결과

```
C:₩java>javac ex629.java

C:₩java>java ex629
Local : name = gemini

C:₩java>
```

앞 예제에서는 다음과 같은 순서로 프로그램이 실행됩니다. 일단 main()이 실행되어 외부 클래스의 객체 "oc"가 만들어집니다. 그 다음에 "oc" 객체의 printName() 메소드가 호출되고 printName() 메소드 내의 로컬 클래스의 객체 "lc"가 만들어집니다. 그 다음에 "lc" 객체의 print() 메소드가 실행되어 출력을 표시합니다.

만일 외부 클래스의 printName() 메소드가 실행되지 않으면 로컬 클래스의 객체는 안 만들어집니다. 따라서 객체를 관리하는 데 소요되는 여러 가지 시스템 자원이 절약됩니다. 항상 실행되는 객체가 불필요하다면 그것만큼 자원을 소모하는 일이 없겠죠? 그래서 선택을 할 수 있는 객체라고 생각하시면 됩니다. 앞에서도 나온 얘기지만 로컬 클래스는 항상 사용되는 것이 아니라 특별한 경우(printName() 메소드가 실행되는 경우)에만 사용되는 객체를 만들 수 있는 클래스입니다.

익명 클래스는 "이름이 없는 클래스"라는 뜻을 가지고 있습니다. 클래스의 객체를 만들어 이름을 부여 하지 않고 곧장 메소드의 인수값이나 반환값으로 사용할 때 이 클래스를 사용합니다.

그래서 익명 클래스는 다른 클래스를 확장하거나 인터페이스를 구현하는 데 사용되는 클래스로서 멤버 클래스의 객체를 만들면서 곧장 멤버 클래스를 재정의하여 사용할 수 있습니다. 그리고 인터페이스를 선언하고 인터페이스 객체를 만들면서 메소드를 재정의하여 사용할 수도 있습니다.

실습하기 | 익명 클래스 예제 (ex630.java)

ex630.java

```java
public class ex630 {

    String food = "밥";

    class Animal {
      public void eat() {
        System.out.println( food + "를 먹다" );
      }
    }

    interface Run {
      public void running();
    }

    Animal rabbit = new Animal() {
      String food = "당근";

      public void eat() {
        System.out.println( food + "를 맛있게 먹다" );
      }
    };

    public void showRun() {
      Run r = new Run() {
        public void running() {
           System.out.println( "Dog 네발로 뛴다" );
        }
      };

      r.running();
    }

    public static void main( String[] args ) {

      ex630 dog = new ex630();
      ex630.Animal ani = dog.new Animal();
      ani.eat();
      dog.rabbit.eat();

      dog.showRun();
    }
}
```

실행 결과

```
명령 프롬프트

C:\java>javac ex630.java

C:\java>java ex630
밥를 먹다
당근를 맛있게 먹다
Dog 네발로 뛴다

C:\java>
```

이와 같이 여러 가지 클래스를 이용하는 것은 객체의 재사용과 확장성을 높이기 위해서입니다.

(4) wrapper 클래스

우리는 앞쪽에서 자바의 기본 데이터 형을 공부하였습니다. 모든 변수를 사용할 때에는 변수 앞에 타입 지정자를 사용하여 데이터 형을 선언해야 한다는 것도 배웠습니다. 그런데 그러한 제한에 관련 없는 데이터 형이 있습니다. 바로 "object" 형이 그것입니다.

예를 들어 3과 3.14를 하나의 배열에 넣고 싶다면 어떻게 할까요? 기존의 데이터 형에서는 배열 자체에 데이터 형을 지정해야 하기 때문에 절대로 불가능합니다. 하지만 "object" 형이라면 넣을 수 있습니다. 또한 자바 자체 내에 있는 객체 중에서도 결과 값을 리턴할 때 "object" 형으로 돌려주는 객체가 있습니다. 이런 데이터를 기본 데이터 형으로 바꿀 때에도 당연히 "object" 형을 알아야 할 것입니다.

다음 예제는 "object" 형에 관한 예제입니다.

실습하기 object 연산 예제 (ex631.java)

ex631.java

```
public class ex631 {
    public static void main( String[] args ) {

      int a = 10;
      int b = 20;

      int c = a + b;
      System.out.println( "a + b = " + c );

      Integer ia = new Integer( a );
      Integer ib = new Integer( b );

      System.out.println( "ia = " + ia + " : ib = " + ib );

      Integer ic = ia + ib;
      System.out.println( "ia + ib = " + ic );
    }
}
```

실행 결과

```
명령 프롬프트

C:₩java>javac ex631.java
ex631.java:15: operator + cannot be applied to java.lang.Integer,java.lang.Integ
er
                        Integer ic = ia + ib;
                                        ^
1 error

C:₩java>
```

앞의 예제는 정수형 변수를 선언하고 초기화시켜 연산 후에 다시 변수에 대입하였습니다. 그리고 정수형 변수를 정수 "object" 형으로 변환시키고 연산하였습니다. 결과를 보면 에러가 난 것을 볼 수 있습니다. 이 에러는 "object" 형 연산 때문에 생겼습니다. "object" 형 연산을 주석처리하고 다시 실행해 보겠습니다.

실습하기 object 연산처리 주석 예제 (ex632.java)

ex632.java

```
public class ex632 {
    public static void main( String[] args ) {

        int a = 10;
        int b = 20;

        int c = a + b;
        System.out.println( "a + b = " + c );

        Integer ia = new Integer( a );
        Integer ib = new Integer( b );

        System.out.println( "ia = " + ia + " : ib = " + ib );

        // Integer ic = ia + ib;
        // System.out.println( "ia + ib = " + ic );
    }
}
```

실행 결과

앞의 실습으로 우리는 "object" 형 데이터의 연산이 불가능하다는 것을 알았습니다. 하지만 "object" 형 데이터는 객체 간에 자유롭게 데이터를 주고받을 때 많이 사용합니다.

앞의 예제에서 다음의 구문을 확인하시기 바랍니다.

```
integer ia=new Integer(a);
integer ib=new Integer(b);
```

여기에서 사용된 "Integer"는 정수형 데이터를 "object" 형으로 바꾸어 주는 클래스 이름입니다. 당연히 "ia" 와 "ib"는 그 클래스로 만들어진 객체입니다.

자바에서는 기본 데이터 형을 "object" 형으로 바꾸어 주는 클래스가 다음과 같이 8개 있습니다. 이런 클래스를 wrapper 클래스라고 합니다.

기본 데이터 형	wrapper 클래스 이름
boolean	Boolean
Byte	Byte
char	Char
short	Short
Int	Integer
Long	Long
float	Float
double	Double

이번에는 "object" 형의 데이터를 기본 데이터 형으로 바꾸는 공부를 해보겠습니다. 다음 예제는 "object" 형를 기본 데이터 형으로 바꾸는 예제입니다.

실습하기 object 형을 기본 데이터 형으로 바꾸는 예제 (ex633.java)

ex633.java

```java
public class ex633 {
    public static void main( String[] args ) {

        int a = 10;
        int b = 20;

        int c = a + b;
        System.out.println( "a + b = " + c );

        Integer ia = new Integer( a );
        Integer ib = new Integer( b );

        System.out.println( "ia = " + ia + " : ib = " + ib );

        a = ia.intValue();
        b = ib.intValue();

        c = a + b;
        System.out.println( "a + b = " + c );
    }
}
```

실행 결과

명령 프롬프트

```
C:\java>javac ex633.java

C:\java>java ex633
a + b = 30
ia = 10 : ib = 20
a + b = 30

C:\java>
```

앞의 예제는 정수형 데이터로만 변환하였지만 기본 데이터 형들은 (위쪽 표 참조) 모두 "object" 형으로 바꿀 수 있습니다.

Chapter 06 >> 요점정리

- "final" 이란 키워드는 클래스, 메소드, 멤버 변수 앞에 붙으며 클래스의 상속, 메소드의 오버라이딩, 멤버 변수의 초기값 변경을 불가능하게 하는 키워드입니다.
- 생성자는 객체를 만들 때 무조건 자동으로 실행되는 메소드입니다.
- "this"는 특정 클래스 내의 멤버 변수나 메소드를 가리킬 때 사용합니다.
- 자바는 객체의 특성인 캡슐화, 상속, 다형성, 추상화 등의 요소를 모두 갖추고 있습니다.

Chapter 06

Chapter 07
예외처리

Chapter 07

예외처리

프로그램이 개발되고 개발된 프로그램이 실행되는 단계에서 여러 가지 에러가 발생할 수 있습니다. 이와같이 실행시에 발생하는 에러를 예외(exception)라고 합니다. 이러한 예외는 메소드가 호출되거나 잘못된 변수값이 할당되는 등의 여러 가지 상황에서 발생할 수 있습니다. 그러므로 발생된 예외를 적절히 처리하는 프로세스를 프로그램에 포함할 필요가 있습니다.

이렇게 함으로써 프로그램의 비정상적인 종료를 방지해 주므로 프로그램의 신뢰성을 얻을 수 있을 것입니다. 다행히 자바는 예외를 검사하고 처리할 수 있는 방법을 제공하고 있고 여기서 예외 처리방법을 알아보겠습니다.

7.1 예외처리

JAVA programming

자바에서 예외처리에 사용되는 5개의 키워드가 있습니다. try, catch, throw, throws, finally 가 여기에 해당된다. 이러한 키워드들은 서로 연계하여 사용되고 있습니다.

예외가 발생하는지를 검사할 필요가 있는 부분에 "try"를 사용하여 블록으로 만들고 예외가 발생하면 블록 밖으로 던져(throw)지며 해당되는 예외에 맞는 "catch"문이 수행됩니다.

```
try {
   // 예외발생을 검사할 블록
}
catch (예외유형1, 예외객체) {
  // 예외처리 1
}
catch (예외유형 2, 예외객체) {
   // 예외처리 2
}
```

이와 같이 "try"와 "catch"는 연계하여 사용되고 "try" 블록에서 예외가 발생하면 해당 "catch" 로 잡아서 발생한 예외를 예외객체로 받아서 처리가 이루어집니다. 여기서 예외가 발생하지 않는 경우는 "catch" 블록은 뛰어넘고 다음 문장부터 처리가 이루어지게 됩니다.

다음은 정해진 배열의 크기보다 큰 인덱스에 접근함으로써 발생하는 예외를 처리하는 간단한 예제입니다.

이 경우 자바 가상머신은 "ArrayIndexOutOfBoundsException" 을 발생시킵니다.

실습하기 예외처리 예제 (ex71.java)

ex71.java

```
class ex71
{
    public static void main(String[] args)
    {
        int arr[] = new int[3];
        try
```

```
        {
            arr[5] = 3;
            System.out.println("Hello World!");
        }
        catch (ArrayIndexOutOfBoundsException ex)
        {
            System.out.println("배열의 인덱스범위를 넘어서 사용되었습니다.");
        }
        System.out.println("프로그램 종료");
    }
}
```

실행 결과

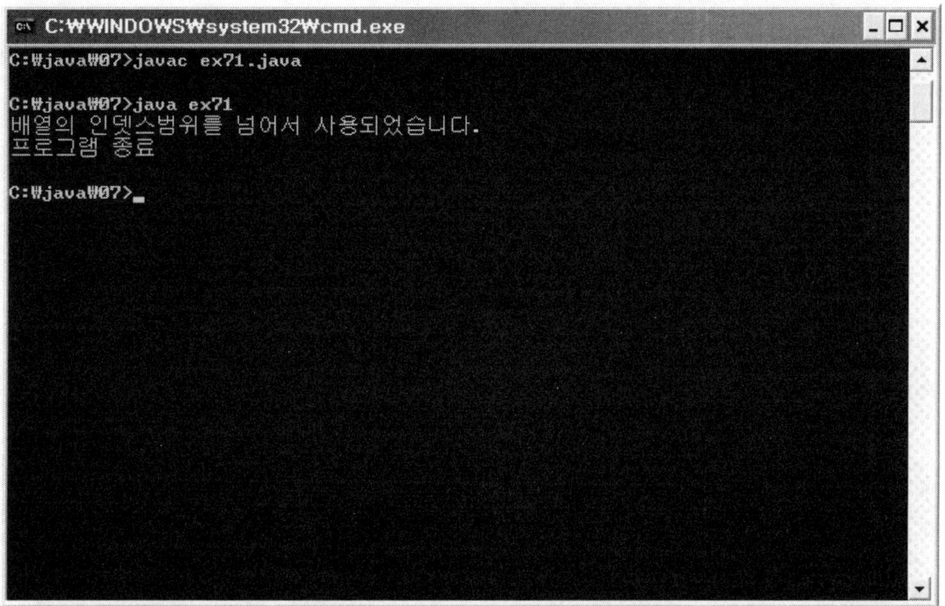

이 예제에서 "try"블록 내에서 예외가 발생하면 예외를 "try" 블록 밖으로 던져지고 이를 "catch"가 잡아서 "catch"블록이 처리됩니다. 그러므로 "try" 내의 대입문 다음의 "Hello World!" 출력문은 수행되지 않게 됩니다. "catch"블록이 실행된 후에는 "catch" 블록 다음 문장을 순서대로 처리하게 됩니다.

만약 예외가 발생하지 않는 경우는 "catch"문은 수행되지 않고 나머지 문장들이 처리됩니다.

다음 예제에서 이러한 예외가 발생되지 않은 경우의 결과를 확인할 수 있습니다.

실습하기 | 예외가 발생하지 않는 경우의 예제 (ex72.java)

ex72.java

```java
class ex72
{
    public static void main(String[] args)
    {
        int arr[] = new int[3];
        try
        {
            arr[1] = 3;
            System.out.println("Hello World!");
        }
        catch (ArrayIndexOutOfBoundsException ex)
        {
            System.out.println("배열의 인덱스범위를 넘어서 사용되었습니다.");
        }
        System.out.println("프로그램 종료");
    }
}
```

실행 결과

```
C:\WINDOWS\system32\cmd.exe
C:\java\07>javac ex71.java

C:\java\07>java ex71
배열의 인덱스범위를 넘어서 사용되었습니다.
프로그램 종료

C:\java\07>javac ex72.java

C:\java\07>java ex72
Exception in thread "main" java.lang.NoClassDefFoundError: ex72

C:\java\07>javac ex72.java

C:\java\07>java ex72
Hello World!
프로그램 종료

C:\java\07>_
```

앞에서 설명했듯이 이와 같은 예외처리를 통하여 프로그램이 비정상적으로 종료되는 것을 피할 수 있습니다. 만약 앞의 예제에서 예외처리부를 기술하지 않는 경우의 결과를 확인해 보겠습니다.

실습하기 | 예외처리를 하지 않은 경우의 예제 (ex73.java)

ex73.java

```
class ex73
{
    public static void main(String[] args)
    {
        int arr[] = new int[3];

            arr[5] = 3;
            System.out.println("Hello World!");

        System.out.println("프로그램 종료");
    }
}
```

실행 결과

```
C:₩WINDOWS₩system32₩cmd.exe
C:₩java₩07>javac ex73.java

C:₩java₩07>java ex73
Exception in thread "main" java.lang.ArrayIndexOutOfBoundsException: 5
        at ex73.main(ex73.java:7)

C:₩java₩07>_
```

결과 화면에서와 같이 예외가 발생한 경우 출력문장을 수행하지 못하고 비정상적으로 종료되는 것을 확인할 수 있습니다.

7.2 예외객체

자바 언어에서는 예외도 하나의 객체가 됩니다. 모든 예외는 throwable 클래스나 서브클래스 중 하나로부터 확장된 클래스 객체입니다.

이러한 throwable 클래스의 계층적인 구조를 보면 다음 그림과 같습니다.

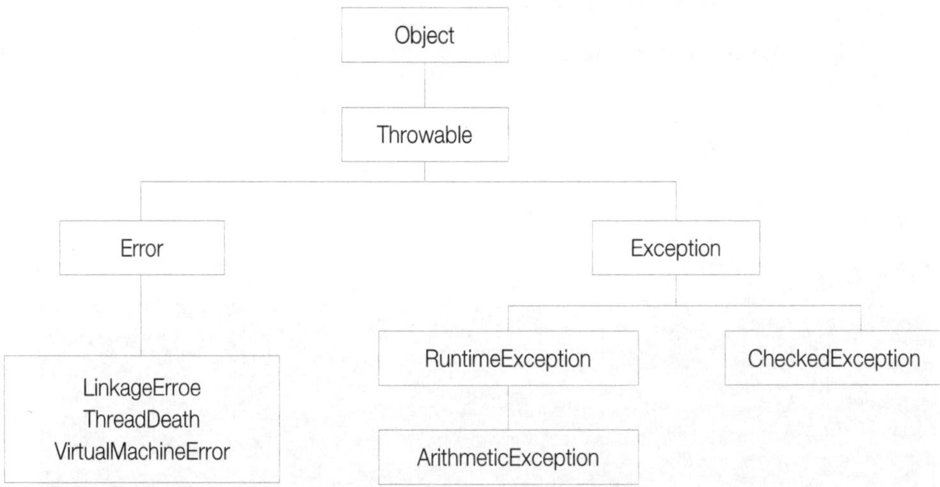

object 클래스의 서브클래스인 throwable 클래스가 있고 그의 서브클래스로 error과 exception 클래스가 존재한다. throwable 클래스는 예외가 발생하는 경우 그에 해당하는 예외 메시지를 포함하고 있습니다.

error 클래스는 심각한 시스템적 에러로 프로그래머가 처리할 수 없는 에러이고, exception 클래스는 정상적인 프로그램 실행상태에서 발생할 수 있는 예외를 의미합니다. 이러한 예외에는 프로그램의 적절하지 못한 실행으로 시스템에 의해 발생되는 시스템 정의 예외(system-defined exception)와 프로그래머가 의도적으로 발생시키는 예외인 프로그래머 정의 예외(programmer-defined exception)가 있습니다.

시스템 정의 예외는 예외처리기가 존재하는지를 컴파일러가 검사하지 않으므로 검사되지 않은 예외(unchecked exception)이라고 하고, 프로그래머 정의 예외는 컴파일러가 예외처리기가 존재하는지를 검사를 하고, 없는 경우는 컴파일 에러가 발생됩니다. 그러므로 검사된 예외(checked exception)라고 합니다.

자바의 표준 패키지 java.lang에는 몇 가지 예외 클래스가 있습니다. 이미 예제에서 사용되었던 배열값 저장시, 잘못된 인덱스를 사용한 경우 발생한 "IndexOutOfBounds Exception"도 RuntimeException의 하위 클래스입니다. 이밖에도 RuntimeException에는 그밖의 몇 가지 예외가 있습니다.

예외	설명
IndexOutOfBoundsException	배열 스트링 등과 같이 인덱스를 사용하는 객체에서 인덱스 범위가 벗어나는 경우 발생하는 예외
ArrayStoreException	배열에 잘못된 데이터형을 저장하는 경우 발생하는 예외
ArithmeticException	산술연산에서 0으로 나누는 연산 등에 발생하는 예외
NegativeArraySizeException	배열의의 크기를 음수로 지정하는 경우 발생하는 예외
NullPointerException	nullPointerExceptioneptionull 을 사용하여 객체를 참조하는 경우 발생 예외
SecurityException	보안을 위반했을 경우 발생하는 예외
IllegalMonitorStateException	모니터의 소유자가 아닌 스레드가 wait 또는 notify 메소드를 호출할 때 발생되는 예외
IllegalArgumentException	메소드 호출에 잘못된 인자를 사용하는 경우 발생하는 예외
NumberFormatException	잘못된 문자 - 숫자간 변화을 하는 경우 발생하는 예외

다음은 0으로 나누는 경우 발생하는 예외에 대한 예제입니다.

실습하기 0으로 나누는 예외 예제 : 예외처리를 하지 않는 경우 (ex74.java)

ex74.java

```
class ex74
{
    public static void main(String[] args)
    {
        int a;
        a = 7/0;

        System.out.println("프로그램 종료");
    }
}
```

실행 결과

```
C:₩WINDOWS₩system32₩cmd.exe

C:₩java₩07>javac ex74.java

C:₩java₩07>java ex74
Exception in thread "main" java.lang.ArithmeticException: / by zero
        at ex74.main(ex74.java:6)

C:₩java₩07>_
```

실습하기 0으로 나누는 예외 예제 : 예외처리를 하는 경우 (ex75.java)

ex75.java

```
class ex75
{
    public static void main(String[] args)
    {
        int a;
        try
        {
            a = 7/0;
        }
        catch (ArithmeticException ex)
        {
            System.out.println("0으로 나누는 오류가 발생했습니다.");
        }

        System.out.println("프로그램 종료");
    }
}
```

실행 결과

```
C:₩WINDOWS₩system32₩cmd.exe

C:₩java₩07>javac ex75.java

C:₩java₩07>java ex75
0으로 나누는 오류가 발생했습니다.
프로그램 종료

C:₩java₩07>_
```

7.3 프로그래머 정의 예외

앞의 예제는 예외가 발생하는 경우 시스템에서 묵시적으로 일어나는 경우에 대해서 알아보았습니다. 이제부터는 프로그래머가 의도적으로 예외를 발생시키는 예제를 보겠습니다. 프로그래머 정의 예외를 발생시키는 경우는 "throw" 구문을 이용합니다.

TObject는 throwable 클래스나 서브클래스의 객체를 의미합니다. 그러므로 "throw"를 사용하여 예외처리기에 필요한 정보를 전달할 수 있습니다.

먼저 "throw"구문을 익히기 위하여 "throw"를 이용한 시스템정의 예외에 관련된 예제를 알아보겠습니다.

실습하기 throw를 이용한 예외처리 예제 (ex76.java)

ex76.java

```
class ex76
{
    public static void main(String[] args)
    {
        int a;
        try
        {
            a = 8/2;
            throw new ArithmeticException();
        }
        catch (ArithmeticException ex)
        {
            System.out.println("의도적으로 예외를 발생시켰습니다.");
        }

        System.out.println("프로그램 종료");
    }
}

```

실행 결과

```
C:\java\07>javac ex76.java

C:\java\07>java ex76
의도적으로 예외를 발생시켰습니다.
프로그램 종료

C:\java\07>
```

프로그래머가 만드는 예외의 경우 반드시 Exception 클래스로부터 상속을 받아야 하고 반드시 예외처리기를 가져야 합니다. 이때 메소드 내에 예외처리기를 가지고 있지 않다면 반드시 "throws"절을 사용하여 메소드 선언부분에 기술하여야 합니다.

Method_returntype method_name() throws exceptions { }

실습하기 throws를 이용한 예외처리 예제 (ex77.java)

ex77.java

```
class UserExc extends Exception{ }
class ex77
{
    static void run() throws UserExc
    {
        throw new UserExc();
    }

    public static void main(String[] args)
    {
        try
        {
            System.out.println("프로그램 진행중 1");
            run();
            System.out.println("프로그램 진행중 2");
        }
        catch (UserExc ex)
        {
            System.out.println("의도적으로 예외를 발생시켰습니다.");
        }

        System.out.println("프로그램 종료");
    }
}
```

실행 결과

앞에서 언급했던 예외처리에 사용되는 5개의 키워드 중 마지막으로 "finally"에 대해서 알아보겠습니다.

"finally"는 "try"블록에서 예외가 발생하는 경우 "catch" 블록으로 던져지므로 "try" 블록에서 예외가 발생한 문장 이후의 문장은 수행되지 않습니다. 그러나 프로그램의 알고리즘에 따라 반드시 수행해야 할 문장이 있을 수 있습니다. 예를 들어 파일을 열고 있는 상태에서 비정상적인 종료가 발생하는 경우에 반드시 파일을 닫고 종료할 필요가 있는 경우 사용되는 것이 "finally"블록입니다.

"finally"블록은 예외가 발생하던 발생하지 않던 반드시 수행해야 할 문장이 기술되는 곳입니다. 다음 예제에서 결과를 보면 "finally"블록을 이해할 수 있습니다. ex78은 예외가 발생하지 않은 경우 문장들이 수행된 결과이고 ex79는 예외가 발생하여 "catch"블록을 수행하였으나 마찬가지로 "finally"블록이 실행된 것을 확인할 수 있습니다.

실습하기 finally 구문 예제 : 예외가 발생하지 않은 경우 (ex78.java)

ex78.java

```
class UserExc extends Exception{ }
class ex78
{
    static void run() throws UserExc
    {
        throw new UserExc();
    }
```

```java

    public static void main(String[] args)
    {
        try
        {
            System.out.println("프로그램 진행중 1");
            //run();
            System.out.println("프로그램 진행중 2");
        }
    /*  catch (UserExc ex)
        {
            System.out.println("의도적으로 예외를 발생시켰습니다.");
        }   */

        finally
        {
            System.out.println("이 문장은 반드시 실행되어야합니다.");
        }

        System.out.println("프로그램 종료");
    }
}

```

실행 결과

실습하기 finally 구문 예제 : 예외가 발생하는 경우 (ex79.java)

ex79.java

```java
class UserExc extends Exception{ }
class ex79
{
    static void run() throws UserExc
    {
        throw new UserExc();
    }

    public static void main(String[] args)
    {
        try
```

```
        {
            System.out.println("프로그램 진행중 1");
            run();
            System.out.println("프로그램 진행중 2");
        }
        catch (UserExc ex)
        {
            System.out.println("의도적으로 예외를 발생시켰습니다.");
        }

        finally
        {
            System.out.println("이 문장은 반드시 실행되어야합니다.");
        }

        System.out.println("프로그램 종료");
    }
}
```

실행 결과

```
C:\WINDOWS\system32\cmd.exe

C:\java\07>javac ex78.java

C:\java\07>java ex78
프로그램 진행중 1
프로그램 진행중 2
이 문장은 반드시 실행되어야합니다.
프로그램 종료

C:\java\07>javac ex79.java

C:\java\07>java ex79
프로그램 진행중 1
의도적으로 예외를 발생시켰습니다.
이 문장은 반드시 실행되어야합니다.
프로그램 종료

C:\java\07>
```

Chapter 07 >> 요점정리

- 자바 언어는 예상치 못한 에러와 같은 예외가 발생했을 때 비정상적인 종료를 막기 위해 발생한 예외를 처리할 수 있는 예외 처리기능이 있습니다.
- 예외의 종류에는 적절하지 못한 실행으로 인해 시스템에서 묵시적으로 생성되는 시스템 정의 예외와 프로그래머가 필요에 의해 발생시키는 프로그래머 정의 예외가 있습니다
- 자바에서 예외를 검사하고 처리하는 구문은 try, catch 입니다.
- 예외는 throwable 클래스 또는 그의 서브클래스들 중 하나로부터 확장된 클래스 객체입니다.

Chapter 07

Chapter 08
멀티스레드

Chapter 08

멀티스레드

자바가 가지는 다양한 특징들 중에서 가장 뛰어난 것 중 하나가 바로 멀티스레드(multithread)를 지원하는 것입니다. 멀티스레드는 동시에 여러 개의 실행단위(스레드)가 실행될 수 있다는 것을 의미합니다. 이는 멀티태스킹(multitasking)의 한 형태라고 할 수도 있습니다. 지금부터 자바의 강력한 기능 중 하나인 멀티스레드에 대해서 알아보겠습니다.

8.1 스레드

JAVA programming

스레드(thread)란 가장 작은 코드 실행단위를 말합니다. 이는 시작, 실행, 종료의 순서를 가지고 스레드가 실행되는 동안에 한 시점에서 단일 실행점을 가집니다. 프로세스란 CPU에 의해 처리되는 프로그램 단위를 말하고 멀티프로세스란 동시에 여러 작업이 가능한 기능을 제공하는 것입니다.

예를 들어 워드프로세싱 작업을 하면서 인터넷도 사용하고 음악도 듣는 것은 각각의 프로세스가 동시에 실행되는 것입니다. 이에 반해 멀티스레드란 문서작업을 하면서 현재까지 출력을 하도록 하고 동시에 문서를 편집도 할 수 있는 기능이 멀티스레드입니다. 다시 말하면 멀티프로세스와 같이 프로그램간의 즉 프로세스 간의 전환이 아니라 동일한 프로세스 내에서 함수 간의 전환과 같은 개념이라고 할 수 있습니다.

다음 그림은 멀티프로세서와 멀티스레드를 나타내었습니다.

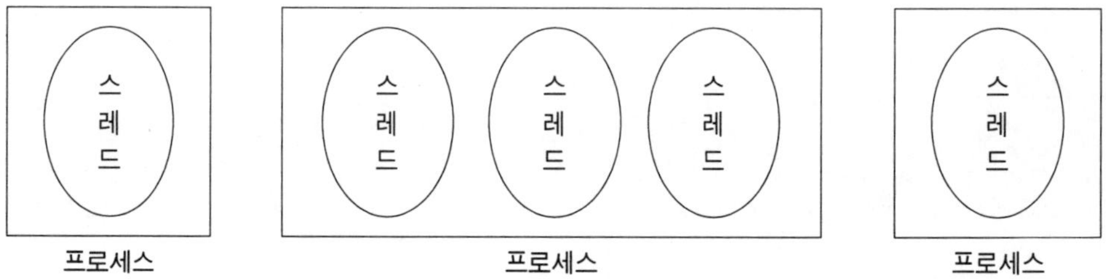

이와 같이 스레드는 문맥 전환이 동일 주소공간 내에서 몇 개의 레지스터와 스택포인터, 프로그램카운터 등에 대해서만 저장과 복구가 이루어지므로 프로세스와 같이 프로세스의 전환과 같이 완전한 상태를 저장해야 하는 부담을 덜 수 있습니다.

결국 멀티스레드는 프로그램 내에서 존재할 수 있는 유휴시간을 최소화하여 효율적인 프로그램을 개발할 수 있도록 도와주는 기능이라고 할 수 있습니다.

8.2 스레드 생성 JAVA programming

자바에서 스레드는 하나의 객체로 처리됩니다. 그러므로 스레드를 생성하기 위해서는 먼저 해당하는 객체를 생성해야 합니다. 이때 사용되는 것이 thread 클래스를 이용하여 객체를 생성하거나 runnable 인터페이스를 구현하는 방법이 있습니다.

스레드 객체를 생성하는 방법은 다음과 같습니다.

```
Thread th = new Thread();
```

스레드 객체를 생성한 후 스레드의 실행을 개시해야 하는데 이때 사용되는 메소드가 start 메소드입니다.

스레드의 실행은 run 메소드를 호출하여 실행상태가 됩니다. 실제로 run 메소드에 실행할 코드를 기술하게 됩니다. 그러나 thread 클래스의 run 메소드에는 실질적인 코드가 없습니다. 그러므로 실행 코드를 기술하기 위하여 run 메소드를 오버라이딩 해야 합니다.

이와 같은 작업을 하기 위해서 thread 클래스를 확장하는 방법을 알아보겠습니다.

(1) thread 클래스 확장

스레드 객체를 생성하여 run 메소드를 작성해야 합니다.

기술 형태는 다음과 같습니다.

```
class s_th extends Thread {
    public void run() {
        ….
    }
}
```

스레드를 생성하는 구문은 다음과 같습니다.

```
s_th t = new s_th();
```

객체를 생성한 후 스레드를 활성화 시키기 위하여 start 메소드를 호출해야 합니다.

```
t.start();
```

앞의 두 단계인 스레드의 생성과 활성화를 하나의 문장으로 기술하면 다음과 같습니다.

```
New s_th().start();
```

스레드의 종료는 run 메소드의 종료와 함께 종료됩니다.

다음은 간단한 스레드를 만드는 예제입니다.

실습하기 스레드 생성 예제 (ex81.java)

ex81.java

```
class s_th extends Thread
{
    public s_th() {
        super();
    }
    public void run()
    {
        System.out.println("쓰레드 실행");
    }
}
public class ex81
{
    public static void main(String[] args)
    {
        s_th t = new s_th();
        System.out.println("프로그램 진행중 1");
        t.start();
        System.out.println("프로그램 진행중 2");

        System.out.println("프로그램 종료");
    }
}
```

실행 결과

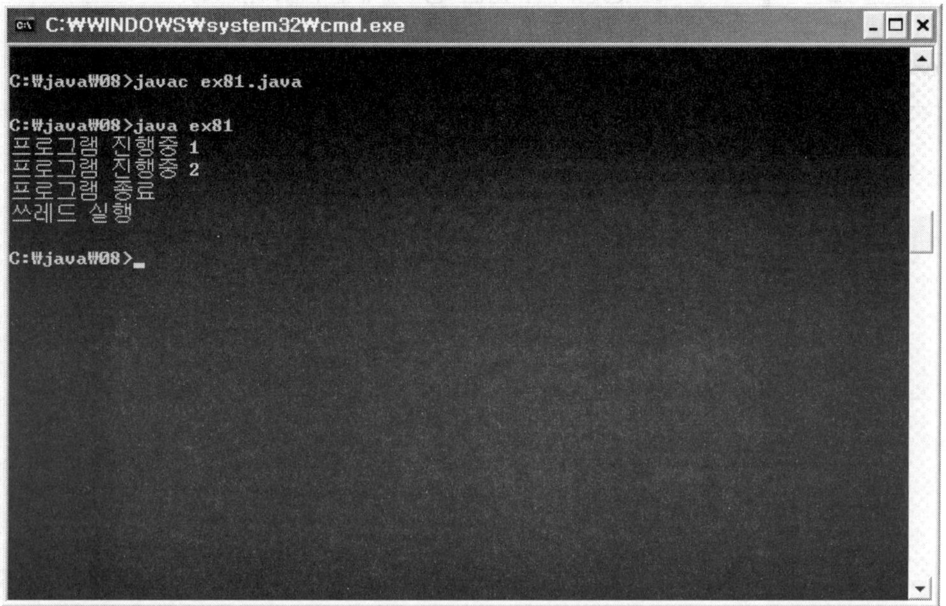

s_th 클래스에서 super(); 메소드는 생성자이고 이 생성자는 슈퍼클래스의 생성자를 호출하여 스레드 이름을 생성합니다. run() 메소드는 실제로 수행될 내용이 기술되어 있습니다.

만약 run() 메소드를 프로그래머가 직접 호출한다면 스레드가 아닌 단순 메소드 호출과 같은 역할을 하게 됩니다.

다음 예제를 통하여 이전 예제와 비교를 해보면 이러한 사실을 확인해 볼 수 있습니다.

실습하기 | 스레드를 생성하지 않은 경우 예제 (ex82.java)

ex82.java

```
class s_th extends Thread
{
    public s_th() {
        super();
    }
    public void run()
    {
        System.out.println("쓰레드 실행");
    }
}
public class ex82
{
    public static void main(String[] args)
    {
        s_th t = new s_th();
        System.out.println("프로그램 진행중 1");
        //t.start();
        t.run();
        System.out.println("프로그램 진행중 2");

        System.out.println("프로그램 종료");
    }
}
```

실행 결과

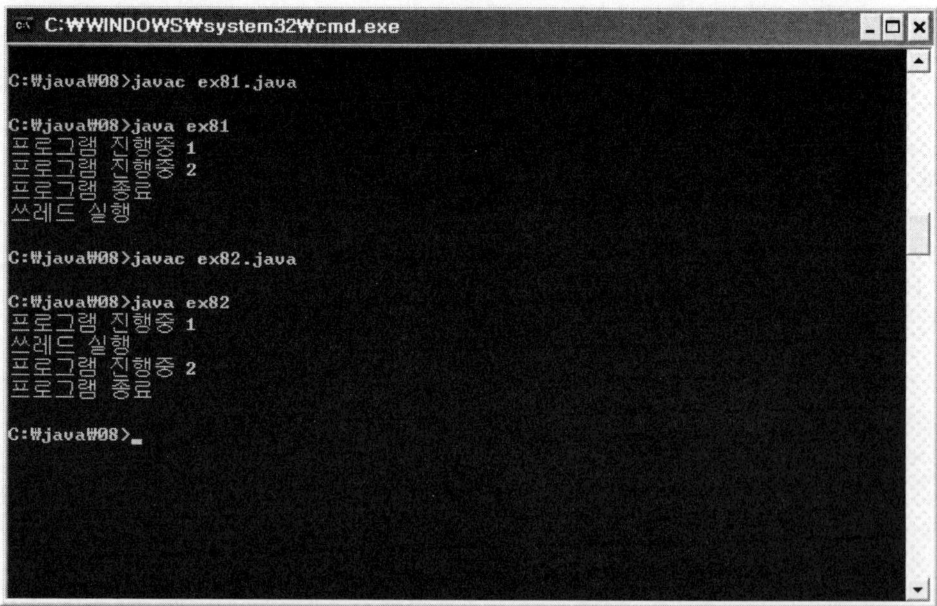

예제에서 먼저 다음 문장에 의해 r_th 객체를 생성합니다.

```
r_th rt = new r_th();
```

다음으로 그 객체로부터 스레드를 생성합니다.

```
Thread t = new Thread(rt);
```

마지막으로 새로운 스레드를 실행하기 위해 start() 메소드를 호출합니다.

ex81.java예제에서 서로 다른 스레드 객체를 생성하여 실행한 예를 보겠습니다. 서로 다른 스레드를 구분하기 위하여 생성자 호출시 스레드 이름을 매개변수로 전달하도록 하여 run 메소드에서 스레드 이름을 함께 출력하도록 하였습니다.

실습하기 다중 스레드 생성 예제 (ex83.java)

ex83.java

```
class s_th extends Thread
{
    public s_th(String t_name) {
        super(t_name);
    }
    public void run()
    {
        System.out.println(getName() + " 스레드 실행");
    }
}
public class ex83
{
    public static void main(String[] args)
    {
        s_th t = new s_th("T_thread");
        s_th p = new s_th("P_thread");
        System.out.println("프로그램 진행중 1");
        t.start();
        p.start();
        //t.run();
        System.out.println("프로그램 진행중 2");

```

```
            System.out.println("프로그램 종료");
        }
    }

```

실행 결과

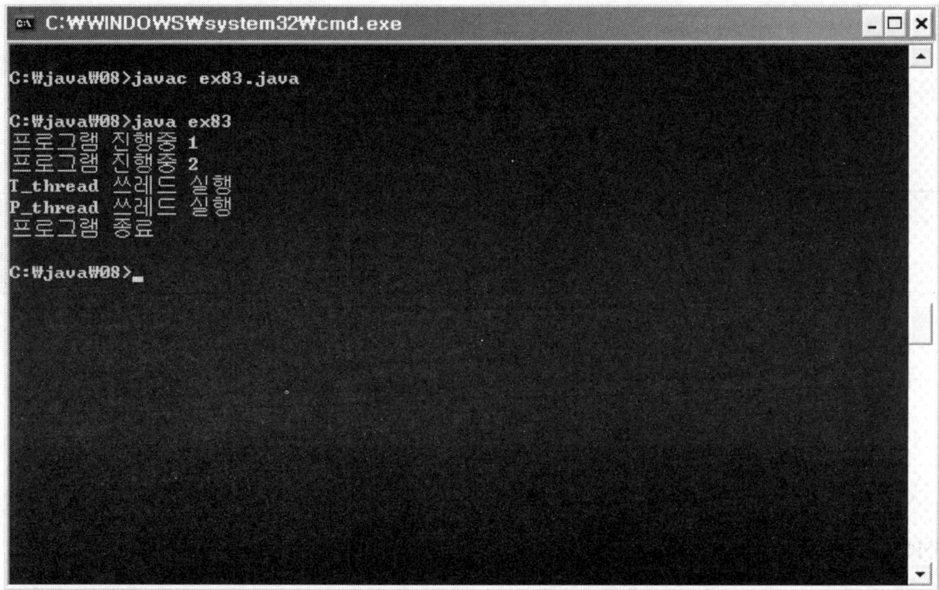

(2) runnable 인터페이스

자바에서 스레드 객체를 생성하는 방법으로 앞에서 다룬 thread 클래스를 확장하는 방법과 runnable 인터페이스를 구현하는 방법이 있습니다. 이 두 가지 방법 모두 스레드를 생성하고 스레드에 액세스하고 제어하는 데 thread클래스를 사용합니다. 단지 두 방법의 차이는 클래스를 만드는 방법에 차이가 있습니다.

먼저 thread 클래스는 run 메소드 이외에도 다양한 메소드를 가지고 있습니다. start(), sleep(), yield(), setPriority(), getPriority() 등과 같은 메소드가 있는데, 이들은 thread 클래스나 그의 서브클래스에 해당되는 객체에서만 호출될 수 있으며 runnable 인터페이스에서는 메소드를 호출할 수 없습니다. 그러므로 runnable 인터페이스를 구현한 객체를 thread 클래스 생성자의 매개변수로 전달하는 방법을 이용하여 스레드를 생성해야 합니다.

자바는 다중상속을 지원하지 않습니다. 그러므로 특정 클래스를 상속받아야 하는 경우 스레드 객체를 생성하기 특정 클래스와 thread 클래스를 모두 상속받아야하는 데 이를 허락하지 않기 때문입니다. 이를 위해 runnable 인터페이스를 구현하는 방법을 사용해야 합니다.

runnable 인터페이스를 구현하고 그 객체를 thread 클래스의 생성자로 넘겨주는 방법은 다음과 같이 할 수 있습니다.

```
class r_th implements Runnable {
    public void run() {
            ............

    }
}

r_th rt = new r_th();
Thread t = new Thread(rt);
```

이와 같은 방법으로 생성된 객체는 thread 클래스의 모든 메소드를 사용할 수 있게 됩니다.

앞의 두 문장을 하나의 문장으로 기술하면 다음과 같습니다.

```
Thread t = new Thread(new r_th());
```

생성된 객체에 대하여 스레드 실행을 위해 start() 메소드를 호출합니다.

```
t.start();
```

runnable 인터페이스를 구현하여 스레드 객체를 생성하는 예제를 보겠습니다.

실습하기 runnable 인터페이스 구현을 이용한 스레드 객체생성 예제 (ex84.java)

ex84.java

```java
class r_th implements Runnable {
    public void run() {
        System.out.println("Runnable 인터페이스 구현");
    }
}
public class ex84
{
    public static void main(String[] args)
    {

        r_th rt = new r_th();
        Thread t = new Thread(rt);


        System.out.println("프로그램 진행중 1");

        t.start();

        System.out.println("프로그램 종료");

    }
}

```

실행 결과

```
C:₩WINDOWS₩system32₩cmd.exe

C:₩java₩08>javac ex84.java

C:₩java₩08>java ex84
프로그램 진행중 1
프로그램 종료
Runnable 인터페이스 구현

C:₩java₩08>
```

8.3 스레드의 생존주기

스레드가 생성되고 시작되어 작업을 수행하고 종료되는 과정을 알아보겠습니다. 스레드는 다음 그림과 같이 4개의 상태를 가지게 됩니다.

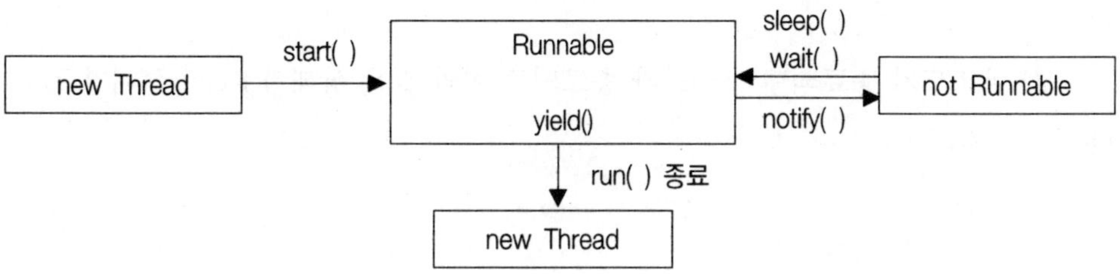

스레드 객체가 생성되면 스레드는 new Thread 상태가 되고 start() 메소드에 의해 Runnable 상태가 됩니다. 또한 run() 메소드가 종료되면 dead 상태가 되고 실행도중에 일시정지나 대기 메소드 등이 호출되면 not Runnable 상태가 되며 그 상황이 해결되거나 종료되면 다시 Runnable 상태로 되어 실행이 계속됩니다.

각각에 대해 조금 더 구체적으로 알아보도록 하겠습니다.

지금까지 언급한 것과 마찬가지로 자바에서 스레드를 만들기 위해서는 먼저 객체를 생성해야 합니다.

```
Thread th = new s_th();
```

앞 문장 수행결과에 의해 객체가 생성된 상태가 New Thread 입니다. 현재는 단지 객체만 생성된 상태입니다. 이제 start() 메소드를 호출하여 스레드를 실행상태로 만들게 됩니다.

```
th.start();
```

start() 메소드가 호출되면 시스템자원이 할당되고 run() 메소드가 호출되어 Runnable 상태가 됩니다.

Runnable 상태에서 sleep(), wait()메소드가 호출되거나 입출력을 위해 대기할 때는 not Runnable 상태가 됩니다. 이 때는 스레드는 실행이 되지 않고, 대기 해제, 입출력 작업 완료나 sleep()의 경우 지정한 시간이 경과 후에 다시 Runnable 상태가 됩니다.

run() 메소드가 종료되면 스레드가 종료되고 이와 같은 상태가 Dead 상태가 됩니다.

8.4 스레드 우선순위

JAVA programming

스레드 객체가 생성되고 start() 메소드가 호출되면 Runnable 상태가 된다고 설명하였습니다. 그러나 이 상태가 무조건 스레드가 실행되는 상태라고 할 수는 없습니다. 정확히는 실행대기 상태에 있기도하고 실제로 실행되기도 하는 것입니다. 이는 어떠한 작업을 처리하는 프로세서 자체는 하나이므로 모든 스레드가 동시에 실행될 수는 없습니다.

그러므로 실제로는 각각의 스레드들이 순차적으로 실행되는 것입니다. 이 때 스레드가 실행될 순서를 제어하는 것을 스케줄링이라고 합니다.

스레드는 정해진 우선순위에 따라 실행되는데 상속받은 스레드는 상속한 스레드의 우선순위를 가지게 됩니다. 스레드 중 가장 높은 우선순위를 가지고 있는 스레드가 먼저 실행이 되고 이 스레드가 종료되거나 not Runnable 상태가 되거나 또는 해당 스레드의 CPU 점유시간이 경과하는 경우는 다음 순위의 스레드가 수행됩니다.

이와 같이 스레드의 우선순위는 결국 스레드의 실행순서를 결정하는 중요한 요소이고 이는 MIN_PRIORITY, MAX_PRIORITY 사이의 값에 의해 결정이 되고 높은 값일

수록 높은 우선순위를 가지게 됩니다. 기본값의 우선순위는 NORM_PRIORITY를 지정하면 됩니다.

또 우선순위는 setPriority() 메소드에 의해 수정될 수도 있고 getPriority()에 의해 현재의 우선순위 값을 알아 볼 수도 있습니다. 두 메소드의 사용형식은 다음과 같습니다.

```
final void setPriority (int priority_level)
final int getPriority()
```

스레드의 우선순위 결정은 프로그램의 실행효율을 높일 수 있도록 결정될 필요가 있습니다. 일반적으로 계속 실행되어야 할 필요가 있는 스레드는 낮은 우선순위를 부여하고 입출력이 잦은 스레드를 높은 우선순위를 부여합니다. 이는 계속해서 실행되는 스레드를 높은 우선순위를 부여하여 프로세서를 선점하고 있다면 다른 스레드, 예를 들어 입력이나 출력을 하고자 하는 스레드의 경우는 입력대기 커서를 표시하거나 결과 등을 화면에 표시할 때 매우 느리게 나타나게 될 가능성이 높게 됩니다. 그러므로 입출력 스레드를 먼저 처리하고 입출력이 이루어지는 동안 CPU는 계속 실행해야 하는 스레드를 처리한다면 실행효율이 훨씬 더 높게 동작하게 될 것입니다.

이와 같은 사항 등을 고려하여 우선순위를 부여하고 또 실행단계에서도 각각의 스레드의 실행에 관련된 메소드를 이용하여 스레드의 실행을 스케줄링할 수도 있습니다. 다음에 스레드의 스케줄링에 관련된 메소드를 소개합니다.

static void sleep (long ms) throws InterruptedException : 현재 실행 중인 스레드를 지정한 밀리세컨드(ms) sleep 상태로 만드는 것입니다.

static void yield() : 다른 Runnable 상태의 스레드가 실행될 수 있도록 현재 실행중인 스레드를 양보합니다. 이 메소드가 호출되면 현재 실행중인 스레드를 중지하고 Runnable 상태인 스레드 중 가장 높은 우선순위를 가진 스레드를 실행하게 됩니다.

다음 두 예제에서 yield() 메소드를 이용하여 실행중인 메소드를 중단시키고 다른 메소드를 실행하는 경우를 실행 결과로 확인해 보겠습니다.

ex85 예제에서는 yield 메소드를 호출하지 않았으므로 첫번째 스레드가 작업 수행을 마친 후 다음 스레드가 실행된 것을 확인할 수 있고 ex86에서는 스레드 실행 후 yield() 메소드가 호출되어 첫번째 스레드가 중단되고 다음 스레드가 실행되며 다시 yield() 메소드가 호출되어 다음 메소드가 호출되는 형태로 실행되는 것을 알 수가 있습니다.

실습하기 yield() 메소드를 호출하지 않은 경우의 예제(ex85.java)

ex85.java

```
class th extends Thread
{
    String prt;
    public th(String name)
    {
        prt = name;
    }
    public void run() {
        for(int i=0;i<3;i++)
        {
            System.out.println(prt);
            //yield();
        }
    }
}
public class ex85
{
    public static void main(String[] args)
    {

        th t1 = new th("KIM");
        th t2 = new th("LEE");

        t1.start();
        t2.start();

    }
}

```

실행 결과

```
C:₩WINDOWS₩system32₩cmd.exe

C:₩java₩08>javac ex85.java

C:₩java₩08>java ex85
KIM
KIM
KIM
LEE
LEE
LEE

C:₩java₩08>
```

실습하기 yield() 메소드를 사용한 경우의 예제 (ex86.java)

ex86.java

```java
class th extends Thread
{
    String prt;
    public th(String name)
    {
        prt = name;
    }
    public void run() {
        for(int i=0;i<3;i++)
        {
            System.out.println(prt);
            yield();
        }
    }
}
public class ex86
{
    public static void main(String[] args)
    {

        th t1 = new th("KIM");
        th t2 = new th("LEE");

        t1.start();
        t2.start();

    }
}

```

```
C:\WINDOWS\system32\cmd.exe

C:₩java₩08>javac ex86.java

C:₩java₩08>java ex86
KIM
LEE
KIM
LEE
KIM
LEE

C:₩java₩08>
```

다음 예제는 다중 스레드의 경우 우선순위를 지정하여 스레드의 실행순서를 스케줄링하는 예입니다.

예제에서 우선순위에 따라 스레드가 실행되는 순서가 변경되는 것을 확인할 수 있습니다.

실습하기 | 다중 스레드 예제 (ex87.java)

ex87.java

```
class th extends Thread
{
    String prt;
    public th(String name)
    {
        prt = name;
    }
    public void run() {
        for(int i=0;i<3;i++)
        {
            System.out.println(prt);
            //yield();
        }
    }
}
public class ex87
{
```

```
    public static void main(String[] args)
    {

        th t1 = new th("KIM");
        th t2 = new th("LEE");
        th t3 = new th("CHOI");

        t1.start();
        t2.start();
        t3.start();

    }
}

```

실행 결과

```
C:\WINDOWS\system32\cmd.exe
C:\java\08>javac ex87.java

C:\java\08>java ex87
KIM
KIM
KIM
LEE
LEE
LEE
CHOI
CHOI
CHOI

C:\java\08>
```

실습하기 | 우선순위를 지정하여 실행순서를 스케줄링한 예제 (ex88.java)

ex88.java

```
class th extends Thread
{
    String prt;
    public th(String name)
    {
        prt = name;
    }
    public void run() {
        for(int i=0;i<3;i++)
        {
            System.out.println(prt);
            //yield();
        }
    }
```

```
}
public class ex88
{
    public static void main(String[] args)
    {

        th t1 = new th("KIM");
        th t2 = new th("LEE");
        th t3 = new th("CHOI");

        t1.setPriority(1);
        t2.setPriority(Thread.MAX_PRIORITY);
        t3.setPriority(9);

        t1.start();
        t2.start();
        t3.start();

    }
}
```

```
C:\WINDOWS\system32\cmd.exe

C:\java\08>javac ex88.java

C:\java\08>java ex88
LEE
LEE
LEE
CHOI
CHOI
CHOI
KIM
KIM
KIM

C:\java\08>_
```

지금까지의 출력결과는 시스템의 하드웨어적, 소프트웨어적인 환경에 따라 다르게 출력될 수 있습니다. 이는 CPU의 실행속도, 운영체제, 프로그램 실행시에 실행되는 다른 프로그램 등에 따라 CPU의 점유시간이 다르기 때문입니다. 또한 앞의 출력 반복문의 크기를 더 크게 하는 경우도 다른 결과를 보여주게 될 것입니다. 그러나 일반적으로 이와 유사한 형태로 실행될 것이며 앞의 예제를 통하여 스레드의 실행 순서는 확인할 수가 있습니다.

8.5 동기화

지금까지 다중 스레드를 이용하는 프로그램에 대해 다루었는데 각각의 스레드가 독립적으로 사용되어 프로그램 내에서 다른 스레드와의 자원공유나 메소드 공유가 없는 경우에 대해 다루었습니다. 그러나 어떠한 작업을 수행하기 위해 프로그래밍을 할 때, 경우에 따라 메소드가 각 스레드에 동시에 실행되어서는 안되는 경우가 있을 수 있습니다.

예를 들어 파일에 쓰기를 하는 중에 또다른 스레드에 의해 동시에 쓰기를 하려는 경우 등과 같은 예입니다. 이 경우 스레드에 의해 호출된 메소드를 잠금(lock)상태로 만들어 다른 메소드들이 접근을 못하도록 하고 실행이 종료되면 잠금상태가 해제되면서 다른 메소드에 의해 해당 객체에 접근하는 것이 가능해지도록 하는 것입니다. 이와 같이 동작을 조정하는 것을 동기화(synchronization)라고 합니다.

이와 같은 동기화가 필요한 가장 흔한 예로 은행업무를 들 수 있습니다. 만약 A지점의 은행 창구에서 홍길동이 자신의 계좌의 잔고를 모두 인출하는 업무를 신청하여 해당 계좌의 잔고를 인출할 때, 동시에 B 지점에서 홍길동의 아내가 홍길동의 동일계좌에서 마찬가지로 잔고를 인출하는 경우 동시에 인출 프로세서가 동작하게 되어 두 번 인출이 일어날 수 있는 경우가 생길 수 있습니다. 이러한 잘못된 수행을 막고자 할 때 동기화가 필요한 것입니다.

(1) 동기화 메소드

메소드를 동기화하고자 하는 경우 "synchronized" 키워드를 사용하여 동기화할 수 있습니다.

동기화된 메소드는 하나의 스레드로부터 호출되면 잠금상태가 되어 다른 메소드로부터 호출이 되지 않게 됩니다.

```
synchronized method
```

이와 같은 형식으로 사용합니다. 다음 예제에서 동기화를 하지 않은 경우와 동기화를 한 경우의 결과를 비교해 볼 수 있습니다.

먼저 ex89에서는 배열의 합을 구하는 데 있어서 첫번째 스레드에서 add() 메소드가 호출되어 연산하면서 sum에 값을 저장하고 잠시 sleep() 메소드에 의해 제어권을 다음 스레드로 넘기게 됩니다. 제어권을 받은 새로운 스레드에서 마찬가지로 add() 메소드를 호출하면 이전 스레드에서 호출된 add() 메소드에서 계산하던 sum 값이 유지된 상태이므로 0이 아닌 이전 스레드에서 계산중이던 sum 값을 가지고 연산을 진행하므로 엉뚱한 결과가 나오는 것을 확인할 수가 있습니다.

실습하기 | 동기화 하지 않은 예제 (ex89.java)

ex89.java

```
class sum
{
    int sum;
    int add(int arr[])
    {
        sum = 0;
        for(int i=0; i<arr.length; i++)
        {
            sum = sum + arr[i];
            try {   Thread.sleep(100);   }
            catch (InterruptedException ex) { ; }
            System.out.println(Thread.currentThread().getName() + "의 현재 합은 " + sum);
        }
        return sum;
    }
}
class th implements Runnable
{
    Thread pro;     static sum a = new sum();        int array[], hap;
    th(String name, int arr[])  {
        pro = new Thread(this, name);
        array = arr;
        pro.start();
    }
    public void run()   {
        hap = a.add(array);
        System.out.println(Thread.currentThread().getName() + "의 결과는 " + hap);
    }
}
public class ex89
{
    public static void main(String[] args)
    {
        int a[] = { 1,2,3,4,5 };
        th t1 = new th("TH1",a);
        th t2 = new th("TH2",a);
    }
}
```

실행 결과

```
C:\WINDOWS\system32\cmd.exe

C:\java\08>javac ex89.java

C:\java\08>java ex89
TH1의 현재 합은 1
TH2의 현재 합은 3
TH1의 현재 합은 5
TH2의 현재 합은 8
TH1의 현재 합은 11
TH2의 현재 합은 15
TH1의 현재 합은 19
TH2의 현재 합은 24
TH1의 현재 합은 29
TH1의 결과는 29
TH2의 현재 합은 29
TH2의 결과는 29

C:\java\08>_
```

실습하기 동기화 메소드를 사용하는 예제(ex810.java)

ex810.java

```
class sum
{
    int sum;
    synchronized int add(int arr[])
    {
        sum = 0;
        for(int i=0; i<arr.length; i++)
        {
            sum = sum + arr[i];
            try {   Thread.sleep(100);   }
            catch (InterruptedException ex) { ; }
            System.out.println(Thread.currentThread().getName() + "의 현재 합은 " + sum);
        }
        return sum;
    }
}
class th implements Runnable
{
    Thread pro;     static sum a = new sum();       int array[], hap;
    th(String name, int arr[])  {
        pro = new Thread(this, name);
        array = arr;
        pro.start();
    }
    public void run()   {
        hap = a.add(array);
        System.out.println(Thread.currentThread().getName() + "의 결과는 " + hap);
    }
}
public class ex810
{
    public static void main(String[] args)
    {
        int a[] = { 1,2,3,4,5 };
        th t1 = new th("TH1",a);
        th t2 = new th("TH2",a);
    }
}
```

실행 결과

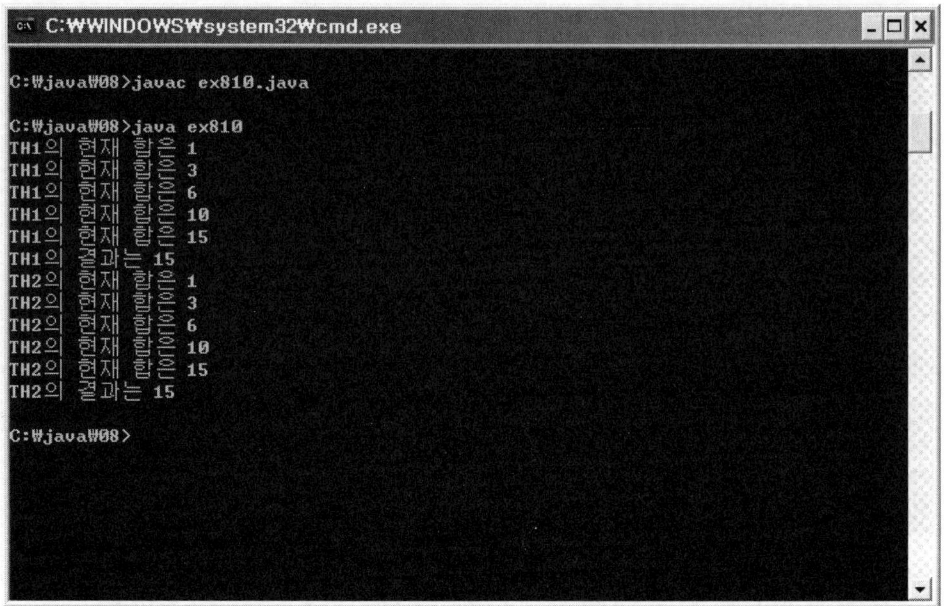

(2) 동기화 수행문

앞에서 동기화를 위해 메소드 앞에 "synchronized" 키워드를 사용하는 것을 알아보았습니다. 여기서는 이미 개발되어 있는 클래스를 사용하고자 하고 이 클래스의 소스에 접근할 수 없는 경우에는 동기화를 위하여 메소드에 "synchronized" 키워드를 사용할 수 없습니다. 이러한 경우에는 메소드에 대한 호출을 동기화된 블록에서 수행하면 됩니다. 다음과 같은 형식으로 기술하여 동기화가 가능한데 객체는 동기화되는 객체에 대한 참조값입니다.

```
synchronized (객체) {
   // 동기화할 수행문
}
```

앞의 예제 ex89 에서 동기화를 위하여 다음과 같이 동기화 수행문을 사용할 수 있습니다.

실습하기 동기화 수행문 예제 (ex811.java)

ex811.java

```
class sum
{
    int sum;
    int add(int arr[])
    {
        sum = 0;
        for(int i=0; i<arr.length; i++)
        {
            sum = sum + arr[i];
            try {   Thread.sleep(100);    }
            catch (InterruptedException ex) { ; }
            System.out.println(Thread.currentThread().getName() + "의 현재 합은 " + sum);
        }
        return sum;
    }
}
class th implements Runnable
{
    Thread pro;      static sum a = new sum();        int array[], hap;
    th(String name, int arr[])  {
        pro = new Thread(this, name);
        array = arr;
        pro.start();
    }
    public void run()   {
        synchronized (a) {
        hap = a.add(array);    }
        System.out.println(Thread.currentThread().getName() + "의 결과는 " + hap);
    }
}
public class ex811
{
    public static void main(String[] args)
    {
        int a[] = { 1,2,3,4,5 };
        th t1 = new th("TH1",a);
        th t2 = new th("TH2",a);
    }
}
```

실행 결과

```
C:\WINDOWS\system32\cmd.exe

C:\java\08>javac ex811.java

C:\java\08>java ex811
TH1의 현재 합은 1
TH1의 현재 합은 3
TH1의 현재 합은 6
TH1의 현재 합은 10
TH1의 현재 합은 15
TH1의 결과는 15
TH2의 현재 합은 1
TH2의 현재 합은 3
TH2의 현재 합은 6
TH2의 현재 합은 10
TH2의 현재 합은 15
TH2의 결과는 15

C:\java\08>_
```

Chapter 08 >> 요점정리

- 프로세서 기반 멀티태스킹은 두 개 이상의 프로그램을 동시에 실행시키는 데 사용되는 반면 멀티스레딩은 스레드 기반 멀티태스킹으로 단일 프로그램의 여러 부분을 동시에 실행시키는 데 사용됩니다.

- 스레드를 객체를 만드는 방법은 runnable 인터페이스를 구현하거나 thread를 상속합니다.

- 스레드 객체가 생성되고 start() 메소드를 호출하면 run() 메소드가 실행됩니다.

- 스레드는 객체가 생성되고 start() 메소드에 의해 Runnable 상태가 되며 중단이나 일시정지, 양보 등에 의해 not Runnable 상태가 되고 중지상황이 끝나면 다시 Runnable 상태가 됩니다. 또한 실행이 종료되면 종료상태가 됩니다.

- 스레드는 우선순위가 높은 것이 먼저 실행되고 스레드의 우선순위는 setPriority() 메소드에 값을 지정함으로써 우선순위를 변경하여 스레드의 실행 순서를 스케줄링할 수 있습니다.

- 객체에 대한 접근을 한번에 하나의 스레드에게만 허용을 하는 방법은 "synchronized" 키워드를 사용하는 것입니다.

- 동기화를 위해 동기화 메소드를 사용하는 방법과 메소드에 접근할 수 없는 경우는 "synchronized" 키워드를 수행문에 사용하여 동기화할 수 있다.

Chapter 09
애플릿

Chapter 09

애 플 릿

애플릿(applet)이란 인터넷을 통해 전송되고 브라우저 안에서 실행될 수 있게 설계된 작은 프로그램입니다. 지금까지 작성한 프로그램은 자바 어플리케이션 프로그램이었습니다. 그러므로 반드시 main() 메소드를 가진 독립적인 프로그램입니다. 반면에 애플릿이란 main() 부분이 없으며 HTML 문서 내에 APPLET 이란 태그에 의해 포함될 수 있는 자바 프로그램을 가리킵니다. 이러한 애플릿은 웹에서만 사용이 가능하며 서버에서 클라이언트로 다운로드되어 실행됩니다.

9.1 애플릿 기초

JAVA programming

애플릿 실행에 관련된 기본적인 메소드들은 applet 클래스에 정의되어 있으므로 applet 클래스에서 제공하는 메소드들을 재정의하여 애플릿 프로그램을 작성합니다. 먼저 간단한 애플릿 프로그램을 통하여 기본적인 애플릿 프로그램 형식을 알아보겠습니다.

```
import java.awt.*;
import java.applet.*;

public class ex91 extends Applet
{
    public void paint(Graphics g)
    {
        g.drawString("Applet JAVA Program",30,30);
    }
}
```

import 문에서 먼저 AWT(Abstract Window Toolkit), 즉 추상 윈도우 툴킷을 임포트합니다. 애플릿은 콘솔기반 I/O 클래스가 아니라 AWT를 통해서 사용자와 상호작용을 합니다. AWT는 윈도우기반 그래픽 인터페이스를 지원합니다.

다음 import 문장에서는 applet 클래스를 포함한 applet 패키지를 임포트합니다. 사용자가 작성하는 모든 애플릿 클래스는 applet의 하위 클래스여야 합니다.

다음은 클래스 정의부입니다. 외부에서 호출할 수 있어야 하므로 public으로 선언되어야 합니다.

클래스 내부에는 paint() 메소드가 있습니다. 이 메소드는 applet의 상위 클래스인 AWT component 클래스에 의해 정의되어 있으며 애플릿에 의해 오버라이드되어야 합니다. 이 paint() 메소드는 애플릿이 처음 실행되거나 출력을 갱신해야 할 때마다 호출됩니다. 예를 들어 창의 크기를 변경하거나 현재 창위에 다른 창이 가려졌다가 다시 앞으로 보여지는 경우 등과 같이 출력화면을 다시 그려야할 경우에 호출되는 메소드로 graphics형의 매개변수를 가지는데, 이 변수는 애플릿이 실행되는 그래픽 환경을 기술하는 그래픽 컨텍스트(graphic context)를 포함하며 애플릿에 출력작업을 할 때마다 호출됩니다.

다음 문장은 graphics 클래스의 멤버인 drawstring() 메소드를 호출하고 있습니다. 이 메소드는 주어진 x, y 위치부터 문자열을 출력하는 역할을 합니다.

```
void drawstring(String message, int x, int y)
```

애플릿은 main() 메소드가 없다고 이미 소개하였습니다. 그러므로 애플릿을 실행하기 위해서는 애플릿 클래스 이름을 이용하여 브라우저나 구동 프로그램에 의해 실행됩니다. 이러한 애플릿을 실행하는 방법으로는 브라우저 안에서 실행하는 방법과 자바 SDK에 포함되어 있는 애플릿 뷰어(applet viewer)를 이용하여 애플릿을 실행할 수 있습니다.

그럼 간단하게 앞에서 작성한 프로그램을 애플릿 뷰어를 통하여 실행하는 방법을 보겠습니다. 이를 위해서는 applet 태그를 사용하여 애플릿을 실행할 수 있습니다.

```
<applet code="ex91" width=300 height=100>
</applet>
```

이와 같이 작성한 코드를 ex91.html 로 저장하고 다음과 같이 작성한 애플릿을 컴파일 한 후, 애플릿 뷰어를 실행하여 애플릿이 실행된 결과를 확인할 수 있습니다.

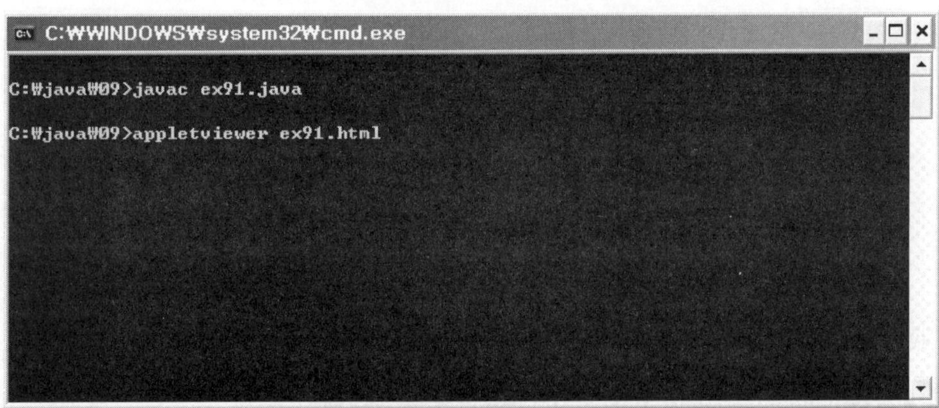

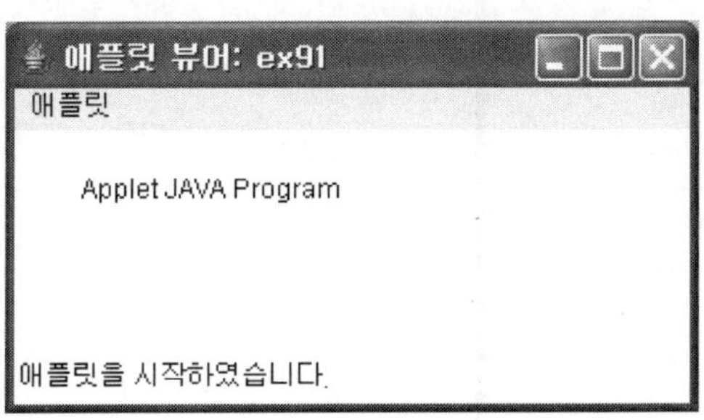

이번에는 웹브라우저에서 애플릿을 실행해 보겠습니다.

이를 위해 ex91-1.html을 작성하여 브라우저로 실행한 결과를 볼 수 있습니다.

실습하기 웹브라우저에서 애플릿 실행 예제 (ex91.java, ex91-1.html)

ex91.java

```
import java.awt.*;
import java.applet.*;

public class ex91 extends Applet
{
     public void paint(Graphics g)
     {
          g.drawString("Applet JAVA Program",30,30);
      }
}
```

ex91-1.html

```
<HTML>
<HEAD>
<TITLE> New Document </TITLE>
</HEAD>

<BODY>
    <applet code="ex91.class" width=300 height=100>
    </applet>

</BODY>
</HTML>
```

실행 결과

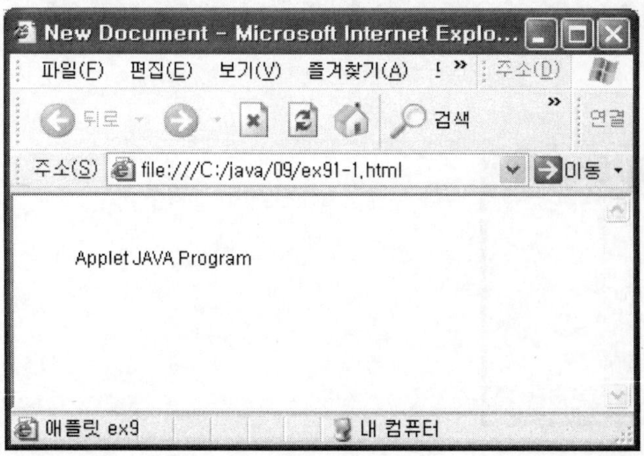

이와 같이 웹브라우저에서 애플릿을 실행시키기 위해서는 HTML문서 내에 〈applet〉 태그를 포함시켜야 합니다.

```
〈applet code="applet_class_name" width= w  height= h 〉
〈/applet〉
```

여기서 code에는 작성한 애플릿의 클래스 파일명을 기술하며 확장자는 .class입니다. width, height는 애플릿이 차지하는 픽셀 단위의 윈도우 크기를 의미합니다.

웹브라우저가 〈applet〉 태그를 해석하는 순서는 먼저 지정된 크기의 영역을 할당하고 해당 클래스 파일을 로드한 후, 인스턴스를 생성합니다. 그리고 인스턴스의 init() 메소드와 start() 메소드를 호출합니다.

지금부터 애플릿에 관련된 기본적인 메소드를 알아보겠습니다.

9.2 애플릿 기본 메소드 JAVA programming

(1) 애플릿 초기화

```
public void init()
```

init() 메소드는 브라우저가 가장 처음 호출하는 루틴으로 한번 만 실행됩니다. 그러므로 init()메소드에는 객체의 생성, 초기상태 설정, 이미지나 폰트의 로드 등과 같은 애플릿의 초기화에 필요한 코드를 삽입합니다.

(2) 애플릿 시작

```
public void start()
```

애플릿 초기화 후에 애플릿이 시작될 때 호출되는 것이 start()메소드입니다. 이는 창이 가려졌다가 다시 활성화되거나 다른 페이지로 이동 후 돌아올 때마다 호출되는 메소드입니다.

(3) 애플릿 중단

public void stop()

애플릿이 실행되어 있는 페이지에서 다른 페이지로 이동할 때 애플릿은 중단되는데 이때 호출되는 메소드가 stop()입니다.

(4) 애플릿 제거

public void destory()

애플릿이 종료되거나 브라우저를 닫기 전에 애플릿이 사용한 자원을 반납하는 역할을 하는 메소드 입니다.

다음 예제는 각각의 메소드가 호출되는 것을 확인해볼 수 있습니다.

실습하기 애플릿 메소드 호출 예제 (ex92.java, ex92.html)

ex92.java

```
import java.awt.*;
import java.applet.*;

public class ex92 extends Applet
{
     int a=0, b=0, c=0;
     public void init()
    {
         a++;
    }

    public void start()
    {
         b++;
    }

    public void stop()
    {
         c++;
    }

    public void paint(Graphics g)
    {
```

```
            g.drawString("init="+a+"start="+b+"stop="+c,30,30);
    }
}
```

```
<HTML>
<HEAD>
<TITLE> New Document </TITLE>
</HEAD>

<BODY>
    <applet code="ex92.class" width=300 height=100>
    </applet>

</BODY>
</HTML>
```

처음 실행된 애플릿 뷰어 결과

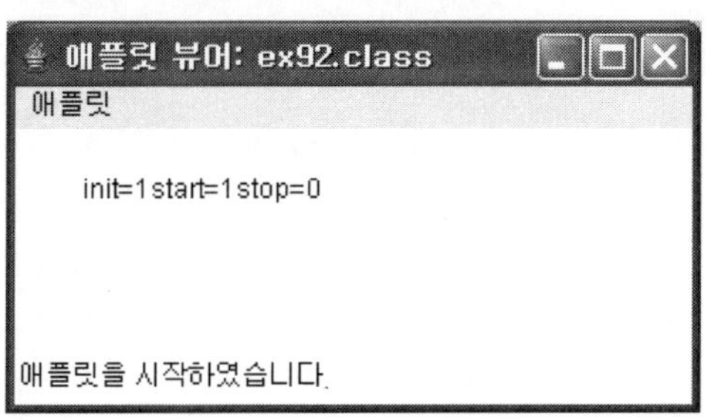

창을 2회 최소화 한 후의 애플릿 뷰어창입니다.

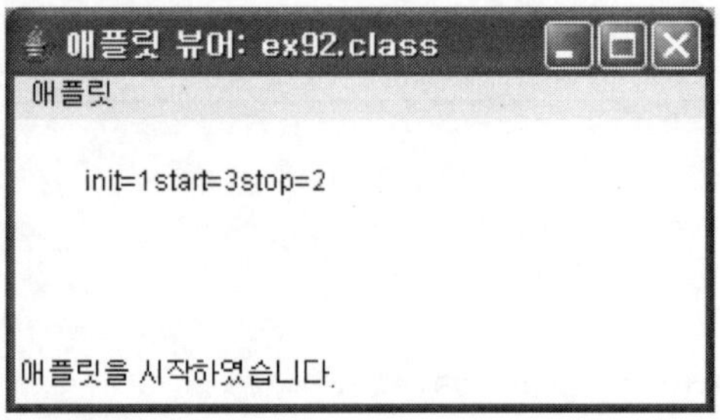

(5) 애플릿 상태바 출력

```
void showStatus( String message )
```

브라우저나 애플릿 뷰어 창의 상태바에 메시지를 출력하는 역할을 하는 메소드입니다. 이는 애플릿 상황에 대한 안내 메시지를 보여주거나 에러 유형 등을 알려주는 용도로 주로 사용됩니다.

실습하기 상태바에 메시지 출력 예제 (ex93.java, ex93.html)

ex93.java

```
import java.awt.*;
import java.applet.*;

public class ex93 extends Applet
{
    public void paint(Graphics g)
    {
         g.drawString("상태바 출력 예제",30,30);
         showStatus("애플릿 상태바에 출력됩니다.");
    }
}

```

ex93.html

```
<HTML>
<HEAD>
<TITLE> New Document </TITLE>
</HEAD>

<BODY>
    <applet code="ex93" width=300 height=100>
    </applet>

</BODY>
</HTML>
```

실행 결과

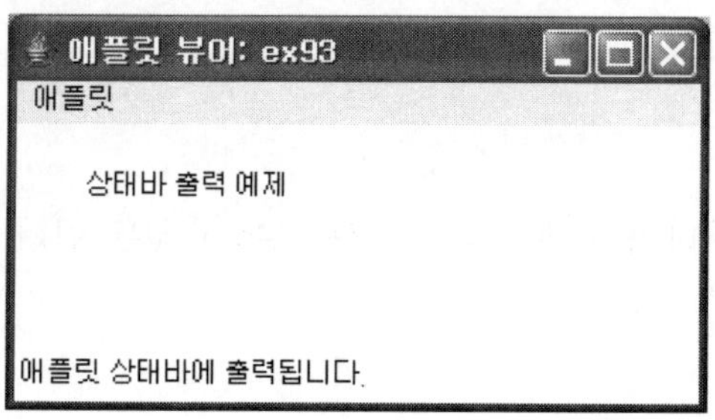

작성한 애플릿 클래스를 웹에서 실행시키기 위해서는 HTML문서에 〈applet〉 태그를 삽입하여 실행할 수 있는 것을 알아보았습니다.

그러면 〈applet〉 태그의 속성과 사용법에 관해 알아보겠습니다.

(1) 〈applet〉 태그

```
〈applet
                    codebase = 기본 URL
                    code = 애플릿 클래스 파일
                    alt = 텍스트
                    name = 애플릿 이름
                    width = 애플릿 가로 폭(픽셀단위)
                    height = 애플릿 세로 폭(픽셀단위)
                    align = 정렬[left, right, center, top, bottom, middle,
texttop, baseline….]
                    vspace = 애플릿 위, 아래 여백(픽셀단위)
                    hspace = 애플릿 좌, 우 여백(픽셀단위) 〉
  〈param name=애플릿파라미터 value=값〉
  〈param name=애플릿파라미터 value=값〉
    …….
〈/applet〉
```

여기에서 code, width, height를 제외한 나머지 속성들은 생략 가능한 것들 입니다.

- codebase : 애플릿 클래스가 있는 기본 위치를 지정합니다.
- alt : 자바를 지원하지 않는 브라우저의 경우 애플릿을 실행할 수 없으므로 해당 위치에 나타낼 텍스트를 지정하는 곳입니다.

- name : 애플릿 참조가 필요한 경우 사용하게 될 애플릿 이름을 지정합니다.
- align : 애플릿의 정렬방식을 지정할 수 있습니다.
- vspace, hspace : 애플릿의 상하 좌우여백을 픽셀 단위로 지정할 수 있습니다.
- 〈param name=" " value=" " 〉: 애플릿에 매개변수를 전달합니다. name은 매개변수의 이름이고 value는 전달값입니다. 이는 getParameter() 메소드를 이용하여 값을 읽을 수 있습니다.

다음은 매개변수를 전달하여 출력하는 예제입니다.

실습하기 애플릿 매개변수 전달 예제 (ex94.java, ex94.html)

ex94.java

```
import java.awt.*;
import java.applet.*;

public class ex94 extends Applet
{
    public void paint(Graphics g)
    {
          String str;
          str = getParameter("name");
          g.drawString(str + "님 환영합니다.",30,30);
    }
}
```

ex94.html

```
<HTML>
<HEAD>
<TITLE> New Document </TITLE>
</HEAD>

<BODY>
    <applet code="ex94.class" width=300 height=100>
        <param name="name" value="홍길동">
    </applet>

</BODY>
</HTML>
```

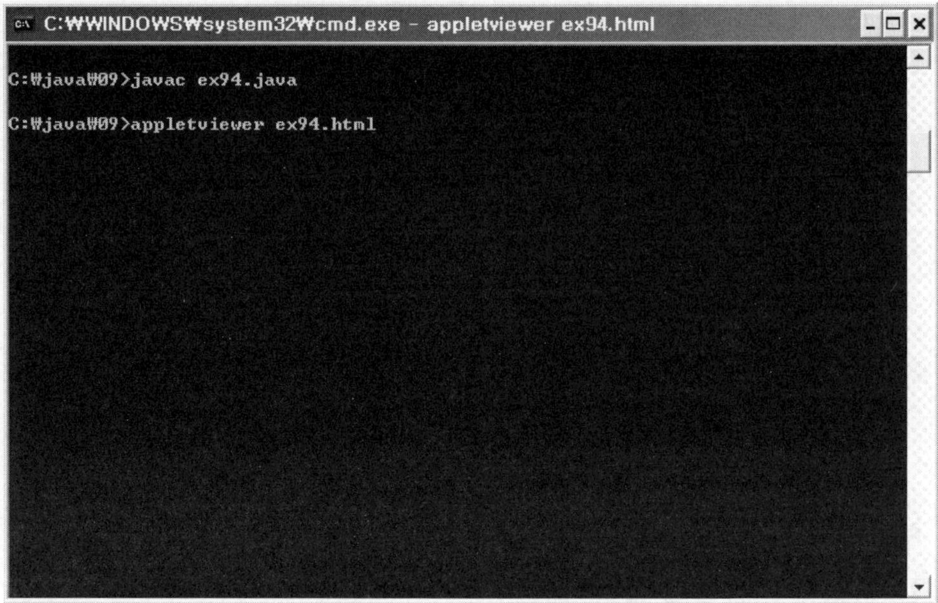

실행 결과

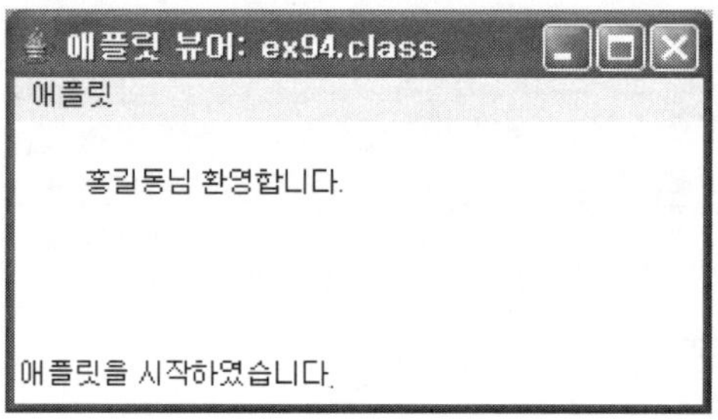

(2) 폰트와 컬러 지정

폰트와 컬러는 java.awt 패키지 안의 java.awt.Font 와 java.awt.Color 클래스에 정의되어 있습니다.

화면에 문자를 출력할 때 Font 클래스의 인스턴스를 생성하여 setfont() 메소드를 호출하여 출력 폰트의 형태를 지정할 수 있습니다.

```
Font f = new Font("폰트이름", 폰트스타일, 크기);
```

- 폰트이름 : Helvetica, TimesRoman, Courier, Dialog, DialogInput, ZapfDingbats, default

- 폰트스타일 : Font.PLAIN, Font.ITALIC, Font.BOLD

마찬가지로 Color 인스턴스를 생성하여 setColor() 메소드를 호출하여 출력하는 문자의 색상을 지정할 수 있습니다.

다음은 이러한 Font와 Color을 이용하여 출력하는 예제입니다.

실습하기 | 폰트 관련 예제 (ex95.java, ex95.html)

ex95.java

```
import java.awt.*;
import java.applet.*;

public class ex95 extends Applet
{
    public void paint(Graphics g)
    {
         Font f1 = new Font("TimeRoman", Font.BOLD, 15);
         g.setFont(f1);
         g.drawString("환영합니다.",30,30);
         Font f2 = new Font("Courier", Font.BOLD+Font.ITALIC, 30);
         g.setFont(f2);
         g.setColor(Color.RED);
         g.drawString("반갑습니다.",30,70);
    }
}

```

ex95.html

```
<HTML>
<HEAD>
<TITLE> New Document </TITLE>
</HEAD>

<BODY>
    <applet code="ex95.class" width=300 height=100>

    </applet>

</BODY>
</HTML>

```

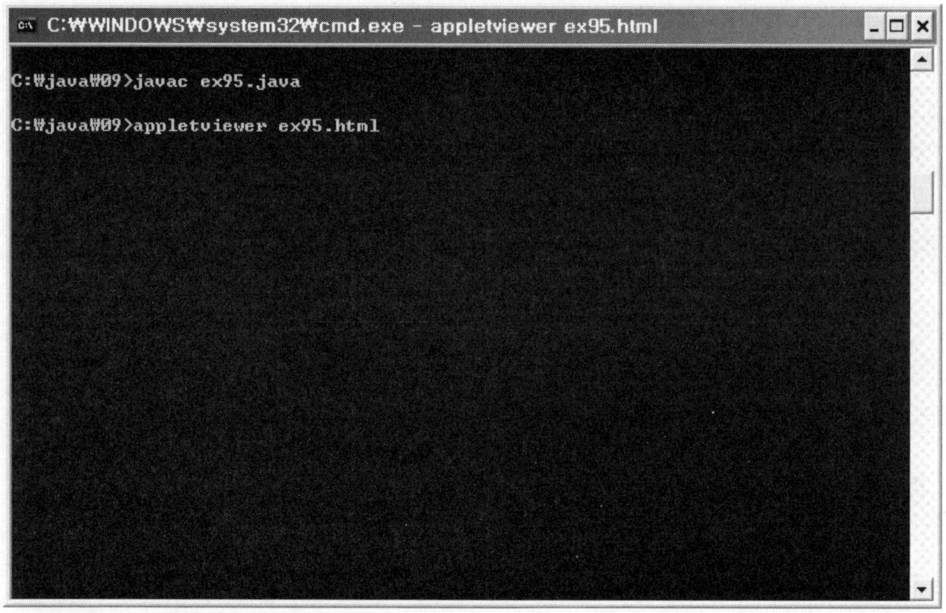
C:\WINDOWS\system32\cmd.exe - appletviewer ex95.html
C:\java\09>javac ex95.java
C:\java\09>appletviewer ex95.html

실행 결과

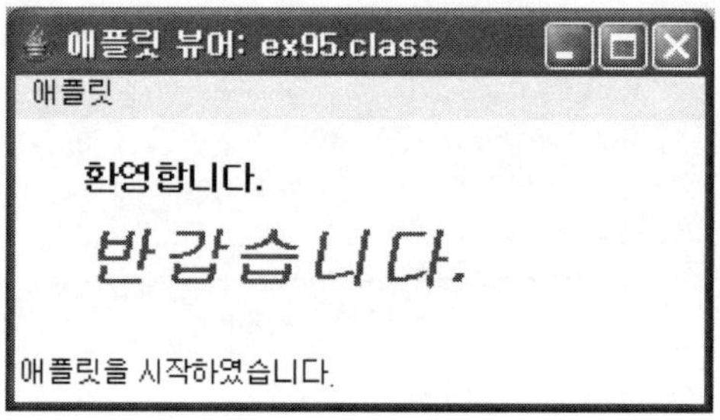
애플릿 뷰어: ex95.class
애플릿
환영합니다.
반갑습니다.
애플릿을 시작하였습니다.

(3) 도형 그리기

java.awt.Graphics 클래스는 선, 사각형, 타원, 호, 다각형 등을 그릴 수 있는 메소드를 제공합니다. 여기서는 그림을 그릴 수 있는 메소드에 대해서 알아보겠습니다.

형태	메소드	설명
선	drawLine(x1, y1, x2, y2)	선그리기 선의 시작점 (x1,y1)과 끝점 (x2, y2)를 각각 좌표로 나타냅니다.
사각형	drawRect(x, y, x_size, y_size)	사각형을 그리는 메소드로 시작점 (x,y)와 시작점에서 가로, 세로의 크기 (x_size, y_size)를 지정합니다.
사각형	fillRect(x, y, x_size, y_size)	채워진 사각형을 그리는 메소드로 시작점 (x,y)와 시작점에서 가로, 세로의 크기를 지정합니다.
사각형	drawRoundRect(x, y, x_size, y_size, arc_width, arc_height)	모서리가 둥근 사각형을 그리는 메소드로 시작점 (x,y)와 시작점에서 가로, 세로의 크기를 지정하고 모서리 부분의 호의 폭과 높이 (arc_width, arc_height)를 지정합니다.
원	drawOval(x, y, x_size, y_size)	원을 그리는 메소드로 사각형을 그리는 매개변수와 동일합니다.
원	fillOval(x, y, x_size, y_size)	채워진 원을 그리는 메소드로 사각형을 그리는 매개변수와 동일합니다.

다음은 이러한 메소드를 이용한 그리기 예제입니다.

실습하기 그리기 메소드 예제 (ex96.java, ex96.html)

ex96.java

```
import java.awt.*;
import java.applet.*;

public class ex96 extends Applet
{
    public void paint(Graphics g)
    {
          g.drawLine(10,10,10,70);
          g.drawRect(40,10,60,60);
          g.fillRect(140,10,80,40);
          g.drawRoundRect(250,10,70,70,20,20);
          g.drawOval(20,100,50,50);
          g.fillOval(120,100,80,50);
    }
}

```

ex96.html

```
<HTML>
<HEAD>
<TITLE> New Document </TITLE>
</HEAD>

<BODY>
    <applet code="ex96.class" width=500 height=300>

    </applet>

</BODY>
</HTML>
```

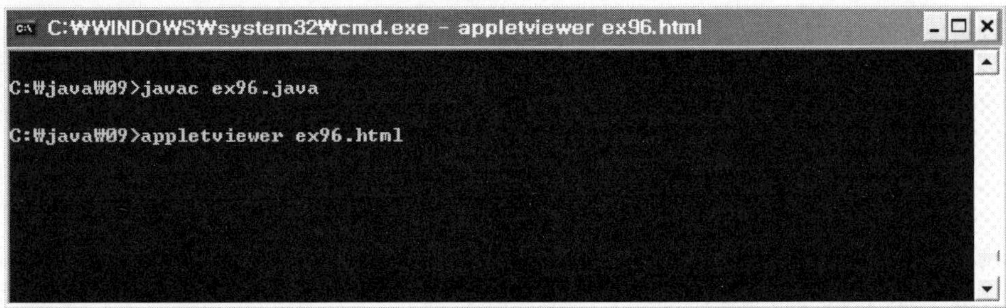

실행 결과

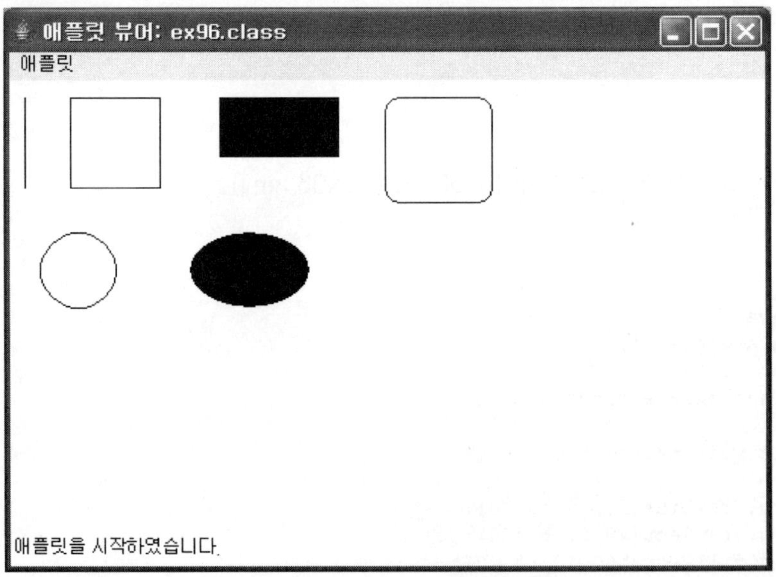

애플릿은 사용자와 프로그램 사이에서 마우스, 키보드, 푸시버튼 등과 같은 상호작용을 처리해야 할 때가 종종 발생합니다. 그러므로 애플릿은 이벤트에 의해 동작되는 프로그램이라고 할 수 있습니다. 각각의 이벤트는 다양한 방식으로 애플릿에 전달되고 애플릿에서는 각 이벤트에 해당되는 특정 메소드를 사용하게 됩니다. 이와 같은 이벤트는 java.awt.event 패키지에서 지원하고 있습니다.

이벤트를 처리하기 위해서는 적절한 listener 인터페이스를 구현하는 클래스를 정의하고 실제 이벤트가 발생하면 처리해야 할 동작은 listener 인터페이스에서 제공하는 메소드 안에 정의합니다. 다시 정리하면 ActionListenet 인터페이스를 구현하고 ActionPerformed 메소드 안에 이벤트 처리 루틴을 작성하는 것입니다.

먼저 이벤트에 대한 통보를 받을 수 있도록 리스너를 등록해야 합니다.

```
public void addTYPEListener(이벤트 리스너)
```

여기서 TYPE 는 이벤트 타입을 나타냅니다.

이벤트를 표현하는 클래스는 자바의 이벤트 처리 메커니즘의 핵심이라고할 수 있습니다. 자바 이벤트 계층의 최상위 클래스는 java.util에 있는 EventObject 입니다. java.awt패키지에 정의되어 있는 AWTEvent 클래스는 EventObject의 하위 클래스입니다. 다음은 java.awt.event에 있는 대표적인 이벤트 클래스입니다.

이벤트 클래스	설 명
ActionEvent	버튼을 누르거나 리스트의 항목을 더블클릭하거나 메뉴항목을 선택했을 때 발생
AdjustmentEvent	스크롤바를 조작하면 발생
ComponentEvent	컴포넌트를 숨기거나 이동하거나 크기를 변경하거나 다시 보이게 하는 경우 발생
FocusEvent	키보드 포커스를 얻거나 잃는 경우에 발생
ItemEvent	체크박스나 리스트 항목을 클릭할 때 발생
KeyEvent	키보드로부터 입력을 받으면 발생
MouseEvent	마우스를 드래그, 클릭, 포인터의 이동시 발생
TextEvent	텍스트 영역이나 필드의 값이 변경되었을 때 발생
WindowEvent	창을 활성화, 비활성화, 열기, 닫기, 최소화, 최대화시 발생

이벤트 리스너는 이벤트 통보를 받는데 java.awt.event 패키지에서 정의된 하나 이상의 인터페이스를 구현함으로써 만들 수 있습니다. 이벤트가 발생하면 리스너에 정의된 적절한 메소드를 호출하고 이벤트 객체를 그 메소드에 인자로 넘겨줍니다.

다음은 리스너 인터페이스와 각 인터페이스가 정의하는 메소드를 정리 한 것입니다.

인터페이스	설 명
ActionListener	동작 이벤트를 받는 메소드를 정의
AdjustmentListener	스크롤바를 조작하여 발생하는 이벤트를 받는 메소드를 정의
ComponentListener	컴포넌트를 숨기거나 이동하거나 크기를 변경하거나 다시 보이게하는 경우를 인식하는 메소드를 정의
FocusListener	키보드 포커스를 얻거나 잃는 것을 인식하는 메소드를 정의
ItemListener	체크박스나 리스트 항목을 클릭하여 상태가 변경되는 것을 인식하는 메소드를 정의
KeyListener	키보드로부터 입력을 인식하는 메소드를 정의
MouseListener	마우스를 드래그, 클릭, 포인터의 이동을 인식하는 메소드를 정의
TextListener	텍스트 영역이나 필드의 값이 변경되는 것을 인식하는 메소드를 정의
WindowListener	창을 활성화, 비활성화, 열기, 닫기, 최소화, 최대화되는 것을 인식하는 메소드를 정의

그럼 버튼 이벤트를 처리하는 예제를 알아보겠습니다.

실습하기 | 버튼 이벤트 처리 예제(ex97.java, ex97.html)

ex97.java

```
import java.awt.*;
import java.awt.Button;
import java.awt.event.*;
import java.applet.*;

public class ex97 extends Applet
{
    Button bt = new Button("확인");
    String str="";
    public void init()
    {
        bt.addActionListener(new ButtonListener());
        add(bt);
    }
class ButtonListener implements ActionListener
{
    public void actionPerformed(ActionEvent e)
    {
        str="확인버튼을 눌렀습니다.";
        repaint();
    }
}
    public void paint(Graphics g)
    {
        g.drawString(str,50,50);

    }
}
```

ex97.html

```
<HTML>
<HEAD>
<TITLE> New Document </TITLE>
</HEAD>

<BODY>
    <applet code="ex97.class" width=200 height=300>

    </applet>

</BODY>
</HTML>
```

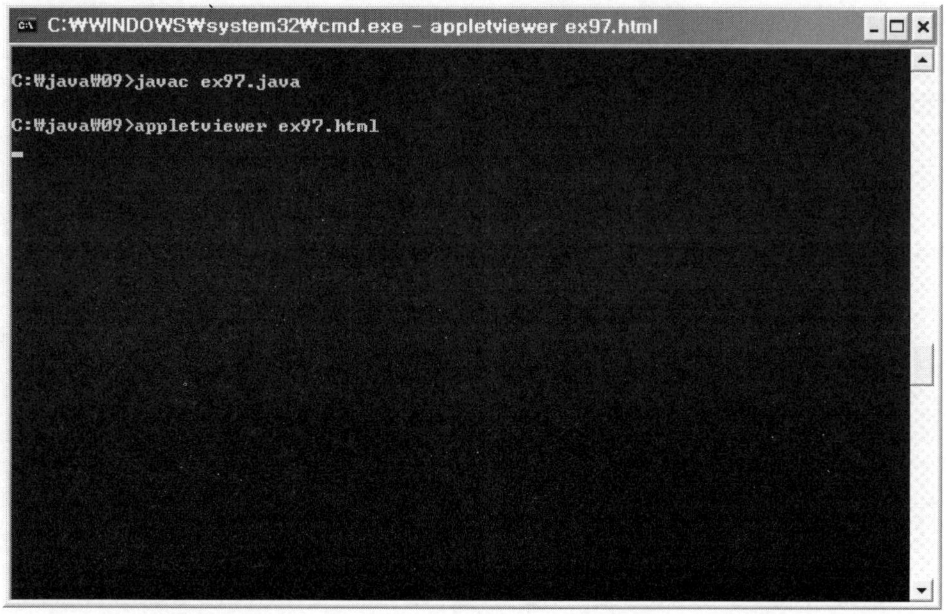

실행 결과

'확인' 버튼을 누른 후의 결과

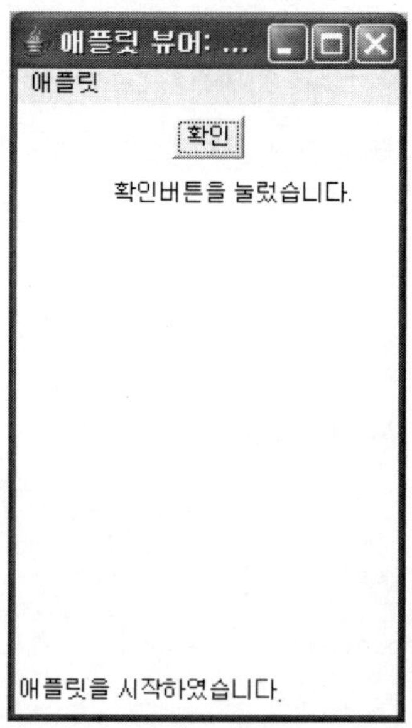

다음은 마우스 이벤트 처리에 대한 예제입니다. 마우스 이벤트를 처리하기 위해서는 MouseListener와 MouseMotionListener를 구현해야 합니다.

MouseListener 인터페이스는 다음과 같은 5개의 메소드를 정의합니다.

void mouseClicked(MouseEvent e) : 마우스 버튼을 클릭할 때

void mouseEntered(MouseEvent e) : 마우스 포인트가 컴포넌트 위로 갈 때

void mouseExited(MouseEvent e) : 마우스 포인트가 컴포넌트를 빠져나갈 때

void mousePressed(MouseEvent e) : 마우스 버튼이 눌려질 때

void mouseReleased(MouseEvent e) : 마우스 버튼을 뗄 때

MouseMotionListener 인터페이스는 다음과 같은 2개의 메소드를 정의합니다.

void mouseDragged(MouseEvent e) : 마우스를 드래그할 때

void mouseMoved(MouseEvent e) : 마우스를 움직일 때

실습하기 마우스 이벤트 처리 예제 (ex98.java, ex98.html)

ex98.java

```
import java.awt.*;
import java.awt.event.*;
import java.applet.*;

public class ex98 extends Applet implements MouseListener, MouseMotionListener
{
    int x,y;    String str="";
    public void init(){
        addMouseListener(this);     addMouseMotionListener(this);
    }
    public void mouseClicked(MouseEvent e)  {
        x=0; y=10;   str="마우스가 클릭되었습니다.";   repaint();
    }
    public void mouseEntered(MouseEvent e)  {
        x=0; y=10;   str="마우스가 들어왔습니다.";    repaint();
    }
    public void mouseExited(MouseEvent e)
    {
        x=0; y=10;   str="마우스가 빠져나갔습니다.";   repaint();
    }
    public void mousePressed(MouseEvent e) {
        x=0; y=10;   str="마우스버튼이 눌려졌습니다."; repaint();
    }
    public void mouseReleased(MouseEvent e) {
        x=0; y=10;   str="마우스버튼을 떼셨습니다.";    repaint();
```

```java
    }
    public void mouseDragged(MouseEvent e)  {
        x=e.getX(); y=e.getY();  str="마우스를 드래그 합니다.";   repaint();
    }
    public void mouseMoved(MouseEvent e)
    {
        x=e.getX(); y=e.getY();     str="마우스를 움직이고 있습니다.";
        showStatus("마우스현재위치 "+x+","+y);  repaint();
    }
    public void paint(Graphics g)    {
        g.drawString(str,x,y);
    }
}
```

ex98.html

```html
<HTML>
<HEAD>
<TITLE> New Document </TITLE>
</HEAD>

<BODY>
    <applet code="ex98.class" width=600 height=500>

    </applet>

</BODY>
</HTML>

```

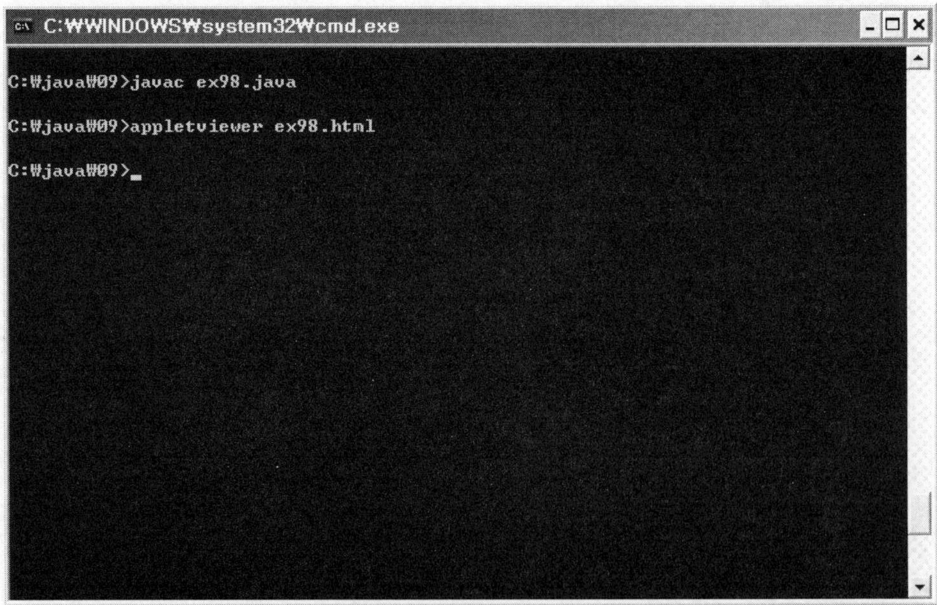

실행 결과(마우스 움직임이 있는 경우)

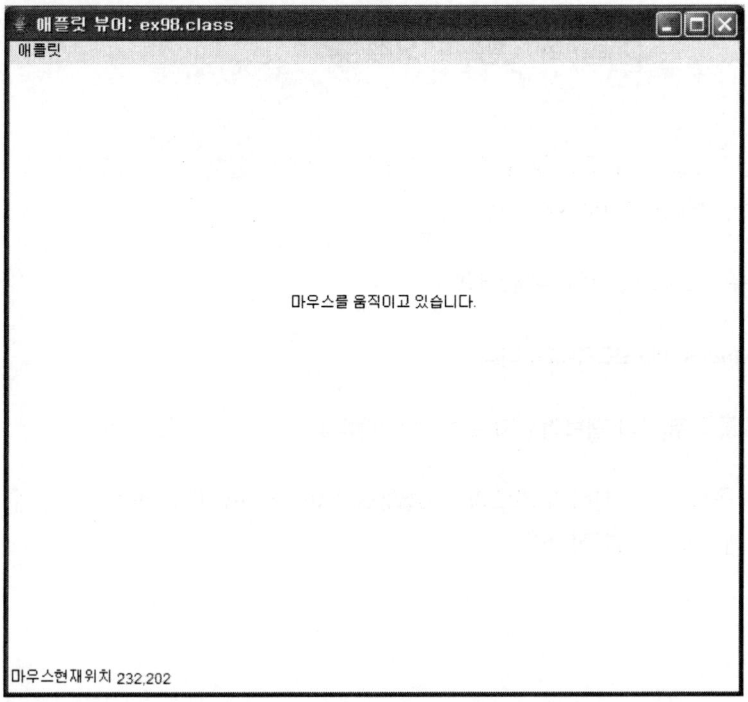

실행 결과(마우스를 클릭한 경우)

Chapter 09 >> 요점정리

- 애플릿은 인터넷을 통해 전송될 수 있고 브라우저 안에서 실행될 수 있도록 설계된 특수한 형태의 자바 프로그램입니다.
- 모든 애플릿은 applet의 하위 클래스입니다.
- 애플릿에는 main() 메소드가 없습니다.
- 애플릿은 애플릿 뷰어나 웹브라우저로 실행해야합니다.
- 애플릿의 사용자 I/O는 자바의 스트림 I/O클래스가 아니라 AWT가 제공하는 인터페이스에 의해 이루어집니다.

찾아보기

JAVA 프로그래밍 기초

2009년 2월 25일 1판 2쇄 발행

저 자 곽윤식 · 구본근
김보균 · 강형일

발행인 남 승 우

발행처 도서출판 상尙 학學 당堂

서울특별시 동작구 사당3동 220-43
TEL : 02) 595-1692~4
FAX : 02) 595-1394
E-mail : namdoo6@unitel.co.kr
신고 : 2-155호 (1968. 11. 29)

정가 15,000원

ISBN 978-89-85437-39-4 93000